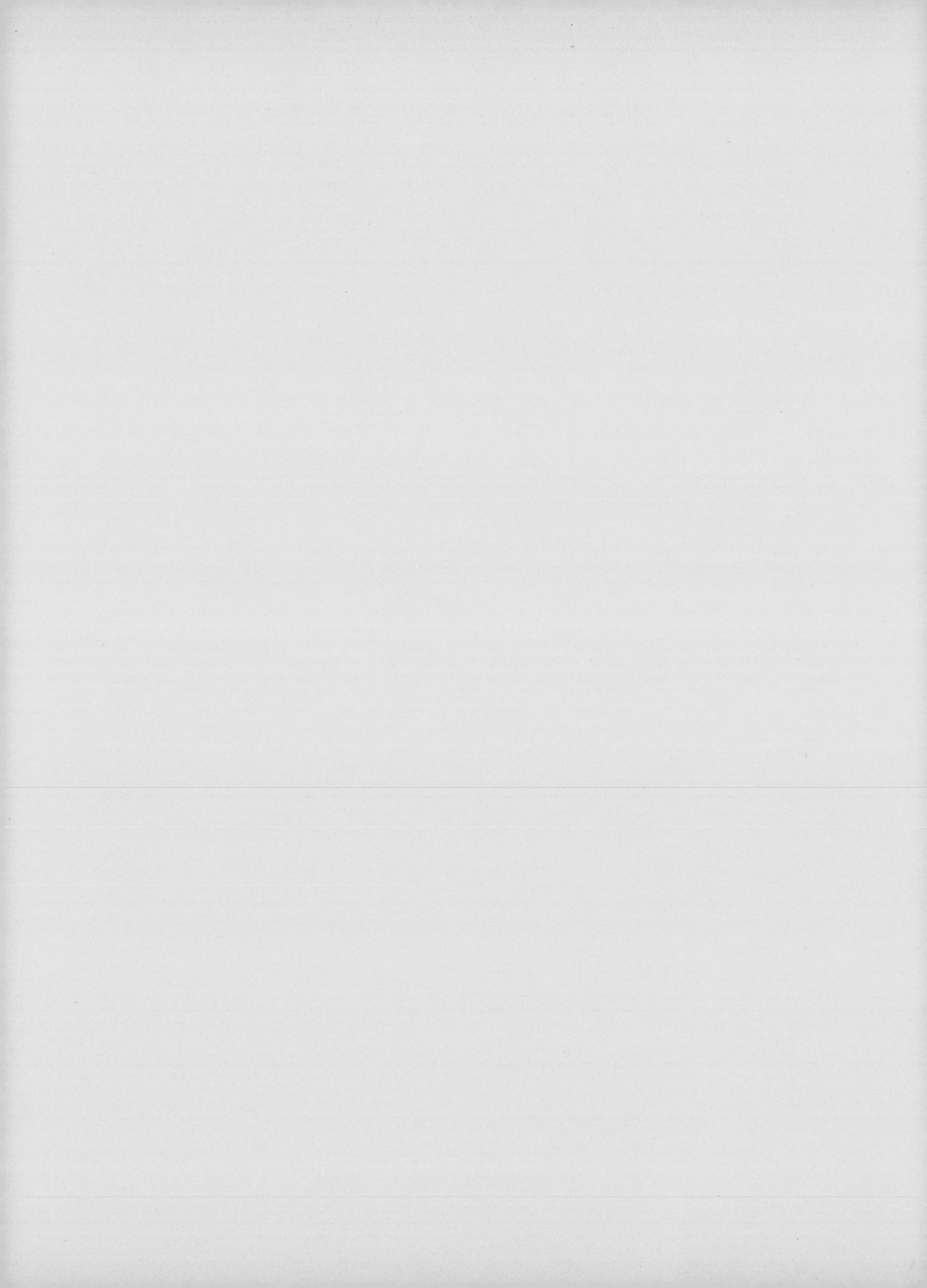

연령별 수학능력 증진놀이

만 2세부터 5세까지

연령별 수학능력
증진놀이

만 2세부터 5세까지

초판 1쇄 인쇄일 2015년 1월 14일
초판 1쇄 발행일 2015년 1월 20일

지은이 성소연
제작협력 문승희
일러스트 정지윤
펴낸이 양옥매
디자인 오현숙
교정 조준경

펴낸곳 도서출판 책과나무
출판등록 제2012-000376
주소 서울특별시 마포구 월드컵북로 44길 37 천지빌딩 3층
대표전화 02.372.1537 **팩스** 02.372.1538
이메일 booknamu2007@naver.com
홈페이지 www.booknamu.com
ISBN 979-11-5776-011-4(73410)

이 도서의 국립중앙도서관 출판시도서목록(CIP)은 서지정보유통지원 시스템
홈페이지(http://seoji.nl.go.kr)와 국가자료공동목록시스템
(http://www.nl.go.kr/kolisnet)에서 이용하실 수 있습니다.
(CIP제어번호 : CIP2015000898)

*저작권법에 의해 보호를 받는 저작물이므로 저자와 출판사의 동의 없이 내용의 일부를
 인용하거나 발췌하는 것을 금합니다.
*파손된 책은 구입처에서 교환해 드립니다.

만 2세부터 5세까지

연령별 수학능력
증진놀이

성소연 지음

책나무

PROLOGUE

"우리 아이가 나중에 수학 때문에 고생하는 일이 없도록 어릴 때부터 무엇인가를 해주고 싶어요. 그런데 무엇을 어떻게 해야 하는지 잘 모르겠어요. 정말 막막하네요."

"아이가 학교에 입학한 후에 수학을 잘하게 하려면 지금 무엇을 해야 할까요?"

"지금 하고 있는 방법이 과연 내 아이에게 맞는 것일까요?"

제가 만났던 어머님들은 신기하게도 모두 이런 질문을 하셨습니다. 이 책에서는 수학과 관련하여 가정에 쉽게, 하지만 효과적으로 아이의 수학적 능력을 키워줄 수 있는 방법들을 알려드리고자 합니다.

이 책의 특징은 크게 세 가지로 나누어 볼 수 있습니다.
첫째, 아이들이 재미있게 활동에 참여할 수 있도록 놀이 활동과 수학을 접목하였습니다.
둘째, 아이들의 발달 수준에 맞춰 지도할 수 있도록 연령에 따른 지도 방법을 나누어 제시하였습니다.
셋째, 이론과 실제 부분으로 나누어 구성하였습니다. 이론 부분에서는 아이들을 지도하기 전에 알고 있으면 좋을 Tip을 Q&A 형식으로 제시하였고, 실제 부분에서는 어머님들이 쉽게 따라 할 수 있도록 사진과 설명을 함께 제시했습니다.

그 밖에도 아이들을 지도할 때 활용할 수 있는 그림 자료들을 부록으로 첨부하였습니다. 엄마와 함께 즐겁게 놀면서 배우는 수학! 결코 불가능한 일이 아닙니다.

이 책을 출판하기까지 많은 도움을 준 학습치료사이자 오랜 친구인 승희, 그리고 경기도 중소기업지원센터 G-창업프로젝트팀, 책과나무 출판사 관계자분들께 깊은 감사의 말씀을 전합니다.

CONTENTS

PROLOGUE 004

어머님들~! 이건 꼭 읽어 보세요! 010
- 가장 궁금해 하는 질문과 답

놀이 활동의 실제 만 2~3세

 **036**
엄마, 더 주세요!
더(more)와 덜(less)
구별하기

 **038**
여러 가지 방법으로 나눠요
여러 가지 사물을 색이나
형태, 또는 이름에 따라
분류하기

 **040**
누구 양말이 더 클까?
큰 물건과 작은 물건 구별하기

 **042**
위치 개념 콜라주
'위, 아래, 안'이 포함된
지시를 듣고 수행하기

 **044**
식빵 모양 맞추기
3가지 모양의 물체를 보고
적절한 모양틀에 끼워 넣기

 **046**
샌드위치 만들기
4가지 크기의 물체를 크기의
순서에 따라
모양틀에 끼워 넣기

 **048**
재미있는 모양을 만들자
동그라미, 세모,
네모와 같은 도형을 보고
같은 모양의 그림 짝짓기

 **050**
위치 개념 콜라주
동그라미, 세모, 네모
식별하기

놀이 활동의 실제 만 3~4세

054
옷걸이 양팔 저울
물건을 들어보고 무거운지
또는 가벼운지 말할 수 있다.

056
빨래집게 집기
3개 이상의 물건을 일대일로
대응시킬 수 있다.

058
빨래집게 사진 액자
3개 이상의 물건을 일대일로
대응시킬 수 있다.

060
리본 기차 만들기
물건을 보고 긴 것과 짧은
것을 가리킬 수 있다.

062
같은 팀을 만들자
여러 가지 물건을 분류하고
정리할 수 있다.

064
유리병 계단
물체나 그림을 보고 맨 위,
맨 아래를 알 수 있다.

066
컵에 사탕 가득 넣기
컵에 담긴 물을 보고
'가득 찼다, 비어있다'의
개념을 알 수 있다.

068
내가 만든 퍼즐
6조각으로 구성된 퍼즐을
맞출 수 있다.

070
손가락 장갑
10까지 따라서 셀 수 있다.

072
블록 만들기
블록 3개로 모양 만드는 것을
보고 따라서 할 수 있다.

074
뽕뽕이 애벌레 만들기
물체의 배열을 보고 순서나
형태를 연결할 수 있다.

076
쌍둥이를 찾아라!
'같다, 다르다'의 개념을 알고
말할 수 있다.

078
물고기를 잡자!
동그라미, 세모, 네모를 보고
도형의 이름을 말할 수 있다.

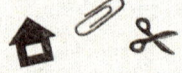

놀이 활동의 실제 만 5세

색빨대 목걸이 만들기
5 이하의 수를 듣고 해당하는 수만큼 물건을 선택할 수 있다.

빨래집게 집기
5 이하의 수를 듣고 해당하는 수만큼 물건을 선택할 수 있다.

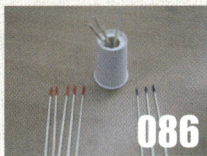

젓가락 뽑기
5 이하의 수를 듣고 해당하는 수만큼 물건을 선택할 수 있다.

누가 빨리 말하나
길이가 다른 물체나 그림을 보고 '길다, 짧다'라고 말할 수 있다.

인형 앞뒤 놀이
물체를 '뒤에, 옆에, 다음에, 앞에' 놓으라는 지시를 듣고 수행할 수 있다.

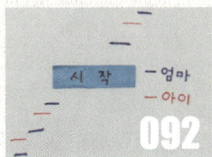

더 높이, 더 낮게
'높다, 낮다'를 이해할 수 있다.

카드놀이
10 이하의 수와 그 수에 해당하는 물건의 집합을 연결할 수 있다.

다이아몬드 만들기
넓이, 길이, 두께에 따라 물건을 정리할 수 있다.

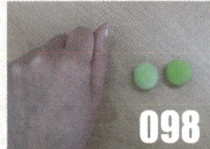

주먹 쥐고 세기
3~5까지 더하거나 뺄 수 있다.

텔레비전 더하기
3~5까지 더하거나 뺄 수 있다.

시장 놀이
특정 범주에 속하는 물건이나 대상들의 이름을 말할 수 있다.

모양펀치로 만들기
반복되는 패턴을 인식할 수 있다.

독 안에 든 쥐
10 이하의 수로 가르기와 모으기를 할 수 있다.

부록 109

어머님들~! 이건 꼭 읽어 보세요!
- 가장 궁금해 하는 질문과 답

아이를 키우다 보면 '언제 이렇게 컸나?' 하는 생각이 들고는 합니다. 하루가 다르게 쑥쑥 커 가는 아이를 보면 건강하게 자라 주는 것만으로도 정말 감사할 일이지요. 하지만 마음 한 편으로는 아이가 똑똑해지기를, 그리고 공부 잘하는 아이가 되기를 바라는 것이 엄마들의 솔직한 심정일 것입니다. 그래서 머리가 좋아진다는 훈련이나 조기교육 이야기에 마음이 혹하는 경우도 많습니다.

하지만 이러한 방법들이 과연 얼마나 효과가 있을까요? 네 살짜리 아이가 영어 단어를 많이 알고 구구단을 외우는 것이 과연 차후 학교 성적을 보장해 주는 것일까요? 대답은 "No!"입니다. 어린아이들은 인지구조가 아직 완벽하게 발달하지 않았기 때문에 아이들의 수준에 맞지 않는 내용을 가르치는 것은 현명한 선택이 아닙니다. 아이들의 발달 수준에 적절하지 않은 방법으로 가르치는 것 역시 효과가 크다고 할 수 없습니다. 오히려 아이에게 과도한 스트레스를 주고 좌절감을 안겨 주어 건강한 정서발달에 부정적인 영향을 주거나 학습에 대한 거부감을 갖게 하는 경우가 더 많습니다.

따라서 먼저 아이의 발달 수준을 파악하고 그에 맞는 목표를 정하는 것이 좋습니다. 그러나 이것은 말처럼 쉬운 일이 아니지요? 설사 적절한 방법이 무엇인지를 안다고 해도 그것을 어떻게 적용하여 가르쳐야 하는지, 또 그것을 어떻게 실천해야 하는지는 더더욱 어려운 일일 것입니다. 놀랍게도 현장에서 만났던 대부분의 어머님들은 이와 비슷한 고민들을 하고 계셨습니다. 그리고 그중에서 가장 두드러지는 고민 영역은 수학이었습니다. 그래서 이 책에서는 아이에게 적절한 학습목표를 설정하는 방법과 지도 방법, 그리고 보통의 가정에서 보통의 엄마들이 쉽게 아이의 수학 능력을 길러줄 수 있는 방법들을 알려드

리려고 합니다.

가정에서 엄마와 함께 놀이하듯 즐겁게 활동을 하다 보면 아이는 자연스럽게 수학적 능력을 키워가게 될 것입니다. 더불어 엄마와의 관계가 더욱 돈독해지고 아이의 정서 상태도 안정적으로 발달할 수 있다는 보너스도 얻을 수 있습니다.

본격적인 수학 교육 활동에 들어가기 전에 상담 과정에서 어머님들이 가장 많이 질문하셨던 내용들을 정리해 보았습니다. 아이들을 지도하시는 데에 도움이 되기를 바랍니다.

Q1. 초등학교 과정을 선행학습시켜야 하나요?
Q2. 내 아이에게 맞는 학습목표는 어떻게 정해야 하나요?
Q3. 아이가 못하는 것부터 해야 하나요, 잘하는 것부터 해야 하나요?
Q4. 더하기 빼기를 중점적으로 지도해야 하나요?
Q5. 연산을 잘하게 하려면 어떤 것을 가르쳐야 하나요?
Q6. 나중에 문장제 문제를 잘 풀게 하려면 지금 무엇을 가르쳐야 하나요?
Q7. 수학을 놀이로만 해도 괜찮을까요?
Q8. 아이가 모르는 것을 일일이 가르쳐 주어야 하나요?

Q1. 초등학교 과정을 선행학습시켜야 하나요?

여러분의 자녀가 첫걸음마를 떼었던 적이 언제쯤이었는지 기억하시나요? 정확한 날짜는 모르더라도 약 11개월~12개월 즈음이었던 것은 기억하고 계실 것입니다. 아이를 키워보지 않은 사람이라 할지라도 이 시기에 아이들이 걸음마를 시작한다는 것을 알고 있습니다. 왜냐하면 아이들은 일반적으로 비슷한 시기에 비슷한 순서로 발달하기 때문이지요. 아이들의 인지발달도 마찬가지입니다. 즉, 아이들의 인지발달에도 적절한 시기가 있다는 말씀~! 간단한 예를 통해 아이의 인지발달 시기를 알아볼까요?

여러분은 사과와 배 중에 어느 것이 더 많다고 생각하세요? 정답은 '똑같다'입니다. 그렇다면 철수는 왜 배가 더 많다고 대답했을까요? 철수는 배가 사과보다 더 길어 보이기 때문에 배가 더 많다고 생각한 것입니다. 이것을 인지발달적 측면에서 설명하면 철수는 아직 '보존개념'*이 발달되지 않았다고 볼 수 있으며, 7~11세가 되어야 사과와 배의 개수가 동일하다는 것을 알 수 있게 될 것입니다. 이처럼 아이들의 인지발달에는 적절한 시기가 있습니다. 만약 철수에게 보존개념을 요구하는 과제를 주고 문제를 풀어보라고 한다면 철수는 과연 그 문제를 성공적으로 해결할 수 있을까요? 대답은 NO입니다. 철수는 아직 보존개념이 형성되지 않았기 때문에 이러한 과제를 당연히 해결할 수 없습니다. 그저 스트레스만 받을 뿐입니다.

선행학습도 이와 같은 맥락에서 볼 수 있습니다. 수에 대한 인지가 충분히 발달되지 않은 유아에게 초등학교 수학을 가르치는 것은 너무나 억지스럽고 비효율적인 일입니다. 이것은 제대로 서지도 못하는 아이에게 억지로 걷는 연습을 시키는 것과 다를바가 없습니다. 요즘 지나친 선행학습 열풍으로 인해 자신에게 맞지 않는 수준의 교육을 억지로 받고 있는 아이들을 볼 때면 안타깝기 그지없습니다. 선행학습을 잘 따라하는 아이들이 있지 않냐구요? 네, 있기는 합니다. 하지만 그것은 아이가 수학의 원리를 이해하고 문제를 해결한 것이 아니라 단순히 엄마에게 혼나지 않기 위해 기계적으로 문제의 답을 구한 것일 뿐입니다.

학습클리닉에 수학 부진으로 학습치료를 받는 아이들의 상당수가 유아기 때 과도한 선행학습을 강요받았었다는 사실을 아십니까? 과도한 선행학습은 오히려 아이가 수학의 재미를 느낄 수 있는 기회를 박탈하고, 아이에게 엄청난 스트레스와 좌절감을 주어 수학에 대한 부정적 이미지를 갖게 할 수 있습니다. 이러한 아이는 정말 수학 공부를 해야 하는 시점이 되었을 때, 수학은 쳐다보기도 싫어할 것이고 수학을 피하기 위해 할 수 있는 모든 방법을 동원할 것입니다. 결국 지나친 선행학습은 아이를 뒷걸음질 치게 만드는 결정적인 요인이 되는 것입니다. 따라서 지나친 선행학습은 피해야 합니다. 그러면 어느 정도의 선행학습이 적절할까요? 이에 대한 답은 다음 질문(Q2)에서 말씀드리겠습니다.

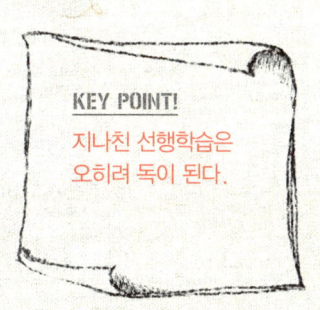

KEY POINT!
지나친 선행학습은 오히려 독이 된다.

* **보존개념** : 어떤 대상의 겉모습이 바뀌어도 그 물질에 대한 속성(양적 속성 또는 질적 속성)은 변하지 않는다는 개념

[참고] 피아제(Piaget)의 인지발달 4단계

아동의 인지발달에 관한 대표적 이론으로 피아제(Piaget)의 이론이 있습니다. 피아제는 아동의 인지발달을 4단계(감각운동기, 전조작기, 구체적 조작기, 형식적 조작기)로 설명했습니다. 피아제의 이론을 간단히 정리해 보면 다음과 같습니다.

1단계 : 감각운동기(Sensorimotor period : 0~2세)
이 시기의 아이는 시각·청각·촉각 등의 감각과 운동 능력을 통해 세상의 정보를 수집합니다. 신생아의 손에 무엇인가를 가져다주면 손으로 꽉 잡고 입으로 가져가는 것도 아기가 자신의 감각을 통해 손에 쥔 물건을 탐색하는 과정인 것입니다. 한편, 이 시기의 아이에게 가장 중요한 인지적 발달은 대상 영속성의 발달입니다. 대상 영속성이란, 어떠한 대상이 눈앞에서 사라진다고 할지라도 그것이 사라지는 것이 아니라 어딘가에 존재한다는 사실을 인지하는 것을 의미합니다. 아기들이 엄마가 눈앞에서 사라지면 우는 것도 대상 영속성이 발달하지 않아 엄마가 영영 사라졌다고 생각하기 때문이랍니다. 대상 영속성 개념은 약 4개월 정도부터 발달하는데, 그 이전의 아이들은 이 개념이 아주 약하거나 거의 없습니다. 이후 18~24개월이 되면 아이들은 점차 자신과 분리된 대상이 영속적으로 존재한다는 것을 완벽히 인지하게 됩니다.

2단계 : 전조작기(Preoperational period : 2~7세)
이 시기의 아동은 자기중심적으로 사고하는 경향이 있습니다. 그래서 아빠에게 자신이 좋아하는 만화 캐릭터 스티커를 선물하고 아빠가 그것을 좋아할 것이라고 생각합니다. 그리고 모든 사물에 생

명이 있다고 믿는 물활론적 사고를 하기 때문에 '무서운 구름이 화가 나서 번개를 보냈어요.' 등의 표현을 하게 됩니다. 또한 물질에 대한 보존개념이 발달하지 않았지만, 인지발달과 수학 능력에 있어 중요한 역할을 하는 정신적 표상 능력과 상징적 사고가 발달하게 됩니다. 정신적 표상이 발달한다는 것은 아이가 주변에서 관찰하거나 모방한 것을 머릿속에서 떠올릴 수 있게 되었다는 것을 의미합니다. 정신적 표상이 발달하게 되면 상징적인 사고가 가능하게 됩니다. 상징적 사고는 '가장놀이'를 통해서 엿볼 수 있는데, 네모난 막대기를 놓고 기차라고도 하고 전화라고도 하며 노는 것이 바로 상징적 사고를 하는 것이라고 볼 수 있습니다. 많은 연구자들은 상징적 사고가 아이의 주의집중력, 추론 능력, 기억력, 창의력 등을 발전시킨다고 합니다.

3단계 : 구체적 조작기(Concrete operational period : 7~12세)

이 시기에는 논리적인 사고가 크게 발달하게 되고 전조작기에서 습득하지 못했던 보존개념이 생겨납니다. 그리고 사물을 특정 기준에 따라 분류하거나 비교할 수 있고, 순서를 매길 수도 있게 됩니다. 그러나 아직 추상적이거나 복잡한 사고를 할 수는 없어서 실물 없이 상상만으로 추론하는 것은 어렵습니다.

4단계 : 형식적 조작기(Formal operational period : 12세 이후)

이 시기가 되면 아이는 가상 상황을 통해 추론하는 능력이 발달하게 되고, 이에 따라 추상적인 사고와 과학적인 사고도 가능해집니다. 따라서 이 시기의 아이들은 실물이 없이도 얼마든지 수학 문제를 해결할 수 있게됩니다.

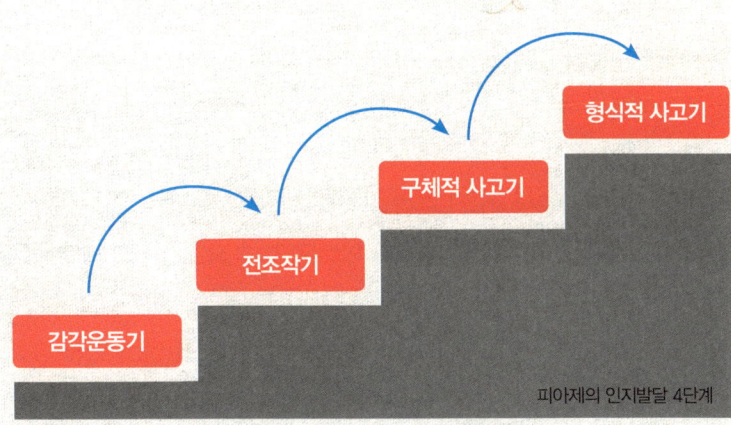

피아제의 인지발달 4단계

Q2. 내 아이에게 맞는 학습목표는 어떻게 정해야 하나요?

잘 세운 목표는 어떤 선물보다 더 강력하게 아이의 흥미를 이끌어 낼 수 있습니다. 잘 세운 목표가 무엇인지 알기 위해, 먼저 어떤 경우에 아이들이 열심히 공부하게 되는지 생각해 볼까요? 아이들은 공부를 통해 알게 되는 내용이 재미있을 때, 또는 공부를 잘해서 칭찬이나 보상을 받을 때 더욱 열심히 공부합니다. 이것은 과제목표(Task Goal), 수행목표(Performance goal)로 설명할 수 있습니다.

과제목표가 무엇인가를 배우는 것 자체에 흥미를 가지고 즐기기 위한 목표라면, 수행목표는 과제 자체보다는 과제를 수행함으로써 얻게 되는 타인의 인정이나 보상에 목표를 두는 것입니다. 예를 들어, 아이가 퍼즐을 맞추는 것이 재미있기 때문에 퍼즐을 맞추고자 한다면 그것은 과제목표이고, 퍼즐을 잘 맞추었을 때 엄마에게 칭찬받는 것이 좋아서 퍼즐을 맞추고자 한다면 그것은 수행목표가 되는 것입니다.

과제목표와 수행목표는 모두 아이에게 학습하고자 하는 동기를 향상시켜주는 중요한 목표가 될 수 있습니다. 따라서 학습목표를 설정할 때, 과제 자체에 대한 흥미와 과제 수행에 따른 보상을 골고루 고려하는 것이 좋습니다.

그렇다면 학습 수준에 따른 목표 설정은 어떻게 해야 할까요? 용찬이 엄마는 용찬이가 자신감을 잃거나 공부하기 싫어할까 봐 어려운 문제보다는 용찬이가 쉽게 풀 수 있는 수준의 문제들을 제시했습니다. 지수 엄마는 지수에게 도전의식을 심어주기 위해, 그리고 학습 능력을 더 높여주기 위해 지수가 잘 푸는 문제보다는 어려운 문제들을 제시했습니다. 두 어머니들 중 누가 더 올바르게 학습목표를 설정한 것일까요? 용찬이와 지수는 자신에게 주어진 과제들에 대해 어떤 태도를 갖게 되었을까요? 안타깝게도 용찬이와 지수 모두 과제에 대한 흥미를 잃게 되었습니다. 용찬이는 처음에는 쉬운 문제를 풀면서 즐거워했지만 얼마 지나지 않아 '시시한' 수학 과제에 지루함을 느끼게 되었고, 지수는 계속해서 수학 문제를 틀리는 경험을 하게 되어 수학에 대한 자신감을 잃게 된 것입니다. 특히 지수는 수학 학습에 대한 반복적인 실패로 인해 좌절감을 겪게 될 것이고, 이러한 좌절감은 결국 수학을 거부하는 태도를 만들게 되겠지요. 따라서 학습목표를 설정할 때에는 너무 쉽거나 어려운 수준보다는 누군가의 도움을 받으면 풀 수 있는 수준을 선택하는 것이 바람직합니다. 이것은 저명한 심리학자인 비고츠키*의 이론에 근거한 것으로 이 수준의 과제를 학습목표로 설정하면 아이는 적절한 도전 의식을 갖고 흥미롭게 과제에 임하게 될 것이고, 결과적으로 아이의 학습능력을 더욱 효과적으로 키울 수 있게 될 것입니다.

지금 내 아이에게 무엇을 가르치는 것이 가장 적절한지 알고 싶다면 지금 내 아이가 혼자서 어느 수준까지 문제를 해결할 수 있는가를 먼저 살펴보세요. 그리고 아이가 혼자서 할 수 있는 수준보다 조금 높은 단계를 학습목표로 설정하시면 아이는 즐겁게 성장해 나갈 수 있을 것입니다.

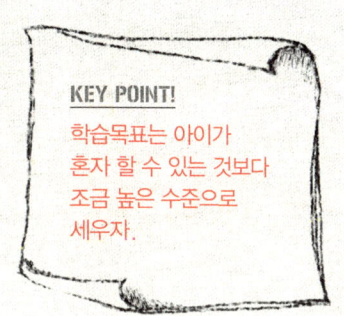

KEY POINT!
학습목표는 아이가 혼자 할 수 있는 것보다 조금 높은 수준으로 세우자.

* **비고츠키**(Vygotsky) : 아동발달과 학습에 관한 연구를 했던 심리학자로 근접발달지대(ZPD : Zone of Proximal Development)라는 개념을 바탕으로 적절한 학습목표를 설정하는 방법에 대해 설명했습니다. 근접발달지대란, 혼자서 해결하기에는 어렵지만 다른 사람의 도움을 받으면 해결할 수 있는 문제의 범위를 말합니다.

참고 연령별 수학 발달 내용

아래의 표는 아동의 만 연령에 따른 수학 발달 단계를 정리한 것입니다. 이 표를 기준으로 자녀가 연령에 맞게 수학적 능력을 키워가고 있는지를 체크해 보세요. 단, 발달에는 개인차가 있기 때문에 아이에 따라 아래 항목 중 조금 부족한 부분이 있거나 더 우수하게 수행하는 부분이 있을 수 있습니다. 따라서 아이의 수학 능력에 대한 일반적인 기준으로만 참고하고 절대적 평가 기준으로는 삼지 않는 것이 바람직합니다.

연령	습득해야 하는 내용
2~3세	수직선 긋는 것을 보고 따라 그릴 수 있다.
	수평선 긋는 것을 보고 따라 그릴 수 있다.
	동그라미를 그릴 수 있다.
	더(more)와 덜(less)을 구별할 수 있다.
	여러 가지 사물을 색이나 형태, 또는 이름에 따라 분류할 수 있다.
	큰 물건과 작은 물건을 구별할 수 있다.
	'위, 아래, 안'이 포함된 지시를 듣고 수행할 수 있다.
	3가지 모양의 물체를 보고 적절한 모양틀에 끼워 넣을 수 있다.
	4가지 크기의 물체를 크기의 순서에 따라 모양틀에 끼워 넣을 수 있다.
3~4세	물건을 들어보고 무거운지 또는 가벼운지 말할 수 있다.
	3개 이상의 물건을 1:1로 대응시킬 수 있다.
	물건을 보고 긴 것과 짧은 것을 가리킬 수 있다.
	엄마나 선생님을 따라서 3까지 셀 수 있다.
	여러 가지 물건을 분류하고 정리할 수 있다.
	물체나 그림을 보고 맨 위, 맨 아래를 알 수 있다.
	컵에 담긴 물을 보고 '가득찼다, 비어있다'의 개념을 알 수 있다.
	그릇에 담긴 물건을 보고 '모두, 아무 것도 없다'의 개념을 알 수 있다.

3 ~ 4세	6 조각으로 구성된 퍼즐을 맞출 수 있다.
	사선을 그을 수 있다.
	브이 표시(v)를 보고 따라 그릴 수 있다.
	10까지 따라서 셀 수 있다.
	블록 3개로 모양 만드는 것을 보고 따라서 할 수 있다.
	물체의 배열을 보고 순서나 형태를 연결할 수 있다.
	'같다, 다르다'의 개념을 알고 말할 수 있다.
	네모 그리는 것을 보고 따라 그릴 수 있다.
	동그라미, 세모, 네모를 보고 도형의 이름을 말할 수 있다.
4 ~ 5세	5이하의 수를 듣고 해당하는 수만큼 물건을 선택할 수 있다.
	세모 그리는 것을 보고 따라 그릴 수 있다.
	화폐의 단위를 말할 수 있다.
	동전을 구별할 수 있다.
	길이가 다른 물체나 그림을 보고 '길다, 짧다'라고 말할 수 있다.
	물체를 '뒤에, 옆에, 다음에, 앞에' 놓으라는 지시를 듣고 수행할 수 있다.
	'높다, 낮다'를 이해할 수 있다.
	10 이하의 수와 그 수에 해당하는 물건의 집합을 연결할 수 있다.
	100까지 수를 차례로 말할 수 있다.
	'가운데, 마지막'에 있는 물건을 찾고 말할 수 있다.
	넓이, 길이, 두께에 따라 물건을 정리할 수 있다.
	3~5까지 더하거나 뺄 수 있다.
	마름모 그리는 것을 보고 따라 그릴 수 있다.
	'첫 번째, 두 번째, 세 번째'와 같이 서수로 수를 셀 수 있다.
	요일을 순서대로 말할 수 있다.
	특정 범주에 속하는 물건이나 대상들의 이름을 말할 수 있다.
	친숙한 사물의 크기를 눈으로 보지 않고 비교할 수 있다.
	반복되는 패턴을 인식할 수 있다.

Q3. 아이가 못하는 것부터 해야 하나요, 잘하는 것부터 해야 하나요?

결론부터 말하자면 잘하는 것부터 시작하는 것이 좋습니다. 많은 어머님들, 심지어는 아이들을 지도하는 선생님들 중에서도 아이가 못하는 것부터 해야 하는 것이 아니냐고 생각하시는 분들이 계시지만 그렇지 않습니다. 누구든지 잘하는 것이 있고 못하는 것이 있습니다. 저도 학창시절부터 영어는 잘했지만 암기과목은 못했습니다. 암기과목은 똑같이 10시간을 투자해도 성적이 잘 오르지 않았지만 영어는 10시간을 투자하면 그만큼의 성과가 나왔습니다. 그래서 결국 저는 암기과목보다는 영어처럼 제가 잘할 수 있는 과목에 더 많은 투자를 하였습니다. 덕분에 영어 점수는 상당히 향상되는 결과를 얻게 되었습니다. 그런데 신기한 것은 영어 점수가 한껏 오르자 낮은 점수를 받았었던 과목들의 성적도 조금씩 향상되는 것이었습니다. 만약 제가 잘하는 것은 뒷전으로 두고 못하는 것에만 초점을 두었다면 저는 금방 지쳐서 포기하고 말았을 것입니다. 그때는 몰랐지만 지금은 그것이 '긍정의 힘' 덕분이라는 것을 알게 되었습니다.

아이들의 경우는 이러한 양상이 더욱 뚜렷하게 나타납니다. 어린아이일수록 나중에 받게 될 더 큰 보상을 위해 지금 당장 보상을 참고 기다리는 것이 어렵습니다. 이렇게 인내력이 충분히 성장하지 않은 어린아이들을 못하는 것에 초점을 두어 지도하면 성공을 채 맛보기도 전에 주저앉아버릴 수 있습니다. 어려워하는 영역에서 성공을 이룰 때까지는 오랜 노력이 필요한데, 어린아이들은 그때까지 인내하기가 어렵기 때문입니다. 이러한 경험이 반복적으로 누적된다면 아이들은 자신이 무능력한 존재라고 생각하게 됩니다. 이것은 곧 아이의 자기효능감*을 떨어지게 하고 심한 경우에는 무기력증 또는 우울증까지 야기할 수 있습니다. 특히 학습에서 실패 경험이 반복되면 학습에 대한 무력감, 불안감, 거부감이 생길 수 있는데, 이렇게 형성된 부정적 이미지는 쉽게 사라지지 않아 학령기가 되었을 때 학습에 상당한 걸림돌로 작용하게 됩니다.

특히 수학 문제는 여러가지 방법으로 풀 수 있는 특징이 있습니다. 다음의 예를 살펴볼까요?

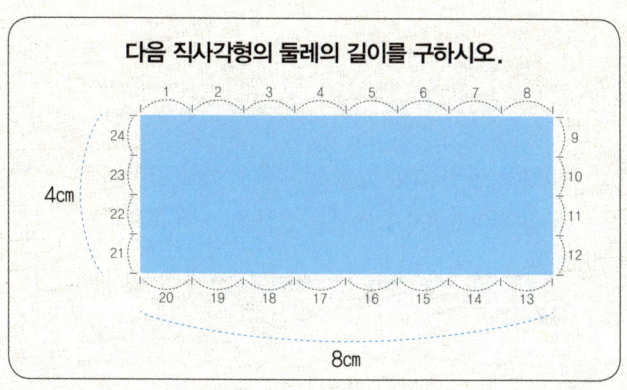

평소 연산을 잘하던 정범이는 이 문제를 더하기와 곱하기를 사용하여 풀었습니다. ((8 × 2) + (4 × 2) = 24㎝) 반면 연산에는 자신이 없지만, 수세기에 자신이 있던 석구는 가로와 세로의 길이를 1㎝ 단위를 나누어 도형의 둘레를 세었습니다. (1, 2, 3……22, 23, 24㎝) 두 아이는 각자 자신이 잘하는 영역을 활용하여 문제를 풀었습니다. 만약 연산을 어려워하는 석구에게 연산만 고집스럽게 가르쳤다면 석구는 이 문제를 풀지 못했을 것입니다.

이처럼 아이가 잘하는 영역의 능력을 키워주면 그 것이 아이가 어려워하는 영역을 보완해 주는 역할을 하게 됩니다. 뇌의 한 부분이 손상되면 뇌의 다른 부분들이 손상된 부분의 기능을 대신해 주는 것처럼 말이지요. 또한, 이를 통해 아이는 충분한 성공경험을 가지게 되어 공부가 그럭저럭 재미있는 활동이라고 생각할 수 있을 것입니다. 아이가 잘하는 것이 무엇인지 관심을 가져 보세요.

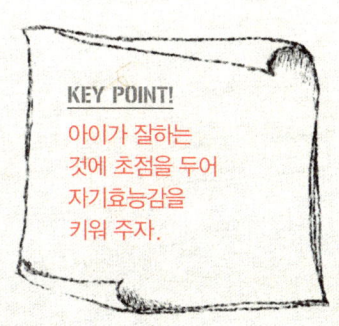

KEY POINT!
아이가 잘하는 것에 초점을 두어 자기효능감을 키워 주자.

* **자기효능감**(Self-efficacy) : 자신이 노력하면 성취할 수 있다는 일종의 자신감 같은 신념입니다. 자기효능감이 높은 아이는 어려운 과제에 직면했을 때 피하지 않고 도전하며, 실패했을 때에도 좌절하지 않고 또다시 도전하는 태도를 보입니다. 이러한 자기효능감은 어렸을 때부터 충분한 성공 경험과 실패를 적절하게 처리할 수 있는 경험을 통해 길러질 수 있습니다.

Q4. 더하기 빼기를 중점적으로 지도해야 하나요?

일반적으로 '수학'이라고 하면 가장 먼저 떠오르는 것이 더하기와 빼기일 것입니다. 그러면 우리나라 및 미국의 유아교육과정에서도 연산을 가장 중요하게 다루고 있을까요?

❖ **우리나라 유아교육과정**
⋯▸ 수 감각 기르기, 공간 및 도형에 대해 알아보기, 기초적인 측정해 보기, 규칙성 이해하기, 자료 정리 및 결과 나타내기(5개 영역)

❖ **미국의 수학교사협의회**(The National Council of Teachers of Mathematics, 2000)
⋯▸ 수와 연산, 대수, 기하, 측정, 자료 분석과 확률, 문제해결하기, 추리 및 증명하기, 의사소통하기, 연계하기, 표상하기(10개 영역)

이상에서 보면 알 수 있듯이 우리나라와 미국 교육과정 모두 연산에 치중해 있지 않습니다. 오히려 여러 영역을 골고루 학습해야 한다는 점을 강조하고 있습니다. 그럼에도 불구하고 연산이 수학 교육의 전부인 양 생각하는 이유는 수학을 일상생활과는 동떨어진 '학습'으로만 바라보는 비뚤어진 교육관 때문입니다. 수학은 단순히 '높은 점수를 얻기 위한 학습'이 아닌데 말이지요.

수와 연산 영역을 포함한 도형, 측정, 확률과 통계 영역 등 수학의 모든 영역들은 일상생활에서 중요한 의미를 지니고 있습니다. 예를 한번 볼까요? 시장이나 마트에서 물건값을 비교하는 것을 생각해 보면 쉽게 이해될 것입니다. 물건값을 비교하기 위해서는 먼저 기준 단위에 따라 가격을 비교해야 하므로 각 물건값의 단위를 맞춰야 합니다(100g당 가격, 혹은 1개당 가격). 이때 활용되는 영역은 측정, 연산 영역입니다. 또 할인율을 계산하려면 연산, 확률과 통계 영역을 활용하게 됩니다.

이처럼 수학의 모든 영역은 일상생활에서 가치를 지니고 있습니다. 그럼에도 불구하고 자녀에게 수학공부를 시킬때면 왠지 더하기, 빼기를 중점적으로 가르쳐야 할 것 같은 생각이 드시지요? 아이가 초등학교 입학을 앞두고 있을 때는 더욱 조바심이 날 것입니다. 그렇다면 아이가 초등학교에 진학한 후에 수학 점수를 잘 받게 하기 위해 연산에만 초점을 두어도 괜찮을까요? 당연히 한 영역에만 치중하는 것은 바람직하지 않습니다. 수학의 모든 영역들은 서로 관련되어 있습니다. 그렇기 때문에 연산을 잘한다고 해도 도형이나 측정 등 다른 영역에 대한 이해가 잘 되어 있지 않으면 전체적으로 높은 점수를 기대할 수 없습니다. 특히 학년이 올라갈수록 수학의 각 영역들이 통합된 형태의 문제가 많이 출제되고 고등학교에서는 이런 유형의 문제들이 고득점을 위한 필수조건이 된다는 점을 감안한다면 여러 영역을 골고루 공부한 아이가 고학년이 되었을 때 높은 점수를 얻게 되는 것은 당연한 일일 것입니다.

여기서 잠깐 수학이라는 학문의 특성에 대해서 살펴보겠습니다. 수학은 계열성이 강조되는 특성이 있습니다. 다시 말해 처음에는 간단한 개념에서 시작하지만 그것을 바탕으로 점점 더 어렵고 복잡해지는 것이 수학인 것입니다. 한 자리 수 덧셈을 할 수 있어야 받아올림을 할 수 있고, 그래야 곱셈을 할 수 있으며, 곱셈이 바탕이 되어야 다항식의 문제 풀 수 있게 되는 것처럼 말이죠. 이러한 수학의 특성을 고려해 본다면, 어렸을 때 다른 영역에 대한 학습은 이루어지지 않고 연산 영역에 대한 학습만 집중적으로 한 아이는 고학년이 되었을 때 연산이 아닌 다른 영역에서의 허점으로 인하여 결국 고득점을 얻는 것이 어려워지게 될 것입니다. 따라서 아이에게 더하기와 빼기만 강조하는 것보다는 다양한 영역에서 아이가 습득할 수 있도록 지도하는 것이 바람직합니다. 편식하지 않고 골고루 먹는 아이가 균형잡힌 발달을 하는 것처럼 수학의 여러 영역을 다양하게 경험한 아이가 훗날 통합적인 수학 사고력을 지니게 될 것입니다.

KEY POINT!
수학의
다양한 영역을
골고루 지도하자.

> [참고] 유치원 교육과정 교육인적자원부 고시 제 2007-153호

수 감각 기르기
- 생활 속에서 사용되는 수의 여러 가지 의미를 안다.
- 생활 속에서 수량의 많고 적음을 비교한다.
- 주변의 물체를 10까지 세고 숫자와 연결해 본다.
- 생활 속에서 익숙한 큰 수를 세는 경험을 한다.
- 구체물을 가지고 더하고 빼는 경험을 해본다.

공간 및 도형에 대해 알아보기
- 나를 중심으로 위, 아래, 앞, 뒤, 옆을 알아본다.
- 기본 입체(둥근기둥, 상자, 공 모양 등) 및 평면 도형(세모, 네모, 동그라미 등)의 생김새를 구별하고 이름을 알아본다.
- 위치나 경로를 여러 가지 방법으로 나타낸다.
- 기본 입체 및 평면 도형의 특징을 알아본다.
- 기본 평면 도형을 합하거나 나누어서 여러 가지 모양을 구성해 본다.
- 그림을 보고 구성물을 만들거나 만든 구성물을 그려 본다.

기초적인 측정해 보기
- 주변 물체의 여러 가지 측정 가능한 속성(길이, 크기, 무게, 들이, 시간)을 탐색한다.
- 두 물체의 길이와 크기를 비교하고 말한다.
- 임의 측정(손 뼘, 블록 등) 단위에 관심을 가진다.
- 길이, 크기, 무게, 들이를 비교하고 순서지어 본다.
- 임의 측정 단위를 사용해서 길이, 들이 등의 측정 경험을 한다.

규칙성 이해하기
- 여러 가지 물체나 무늬의 배열에서 단순하게 반복되는 규칙을 찾아본다.
- 생활 주변에서 반복되는 규칙을 알고 다음에 올 것을 예측해 본다.

자료 정리 및 결과 나타내기
- 한 가지 기준에 따라 자료를 분류하고 설명한다.
- 여러 가지 자료를 모으고 비교해 본다.
- 처음에 분류한 기준과 다른 기준으로 다시 분류한다.
- 모은 자료를 다양한 방법으로 나타내 본다.

Q5. 연산을 잘하게 하려면 어떤 것을 가르쳐야 하나요?

자녀가 초등학생이 되었을 때 연산을 잘 못할까 봐 걱정하시는 어머님들이 많이 계시지요? 그래서 어릴 때부터 단순한 같은 패턴의 문제를 수차례 반복하여 풀게 하는 형태의 학습지를 선택하시는 분들이 상당히 많을 것입니다. 그러나 이런 형태의 학습은 연산에 대한 기본적인 개념 습득에는 큰 도움이 되지 않습니다. 취학 전 아이들에게 중요한 것은 얼마나 빨리 더하기를 하느냐가 아니라 연산에 대한 개념을 얼마나 잘 이해하고 있느냐입니다. 즉, 기계적으로 계산해서 정답을 맞히는 것이 중요한 것이 아니라, 1+1이 왜 2가 되는지에 대한 이해가 더 중요하다는 것이지요. 이것은 반복적인 연산 연습 이전에 반드시 선행되어야 하는 과정입니다. 개념에 대한 이해가 이루어지지 않은 상태에서 기계적으로 연산을 수행하게 되면 수가 커질수록, 그리고 문제 해결 과정이 복잡해질수록 아이는 좌절하게 될 것입니다.

그렇다면 어린 자녀가 나중에 연산을 잘하게 하기 위한 지도 방법은 무엇일까요? 그 정답은 바로 수감각에 있습니다. 수감각(Number Sense)이란, 수에 대한 직관력이라고 할 수 있습니다. 흩어져 있는 다섯 개의 물건을 직접 세어보지 않고 한눈에 다섯 개 정도임을 알아차리는 것이 수감각의 예라고 할 수 있습니다. 예전에는 수감각을 유아기에 습득하는 개념으로 여겼지만, 요즘에는 수학 문제를 해결하기 위해 성인에게도 요구되는 것으로 볼 만큼 수감각의 중요성이 확대되고 있습니다. 미국수학교사협의회(NCTM)에서와 마찬가지로 우리나라 수학교육과정에서도 '수감각'이라는 용어를 사용하며 수감각이 수학 학습에 있어 얼마나 중요한지를 강조하고 있습니다. 그렇다면 어린아이에게 수감각을 길러주기 위해서 할 수 있는 일은 무엇일까요? 수감각에는 매우 다양한 영역이 포함됩니다. 그 중에서 연산과 관련된 영역으로는 분류하기, 순서짓기, 부분과 전체 파악하기 등이 있습니다.

❶ 분류하기

　분류하기는 여러 가지 물건과 대상을 한 가지 혹은 두 가지 이상의 속성에 의해 분류하는 활동입니다. 예를 들어, 여러 개의 사과와 포도를 사과는 사과끼리, 포도는 포도끼리 묶어서 분류하는 것은 한 가지 속성에 의해 분류를 한 것이고, 빨간색 사과, 초록색 사과, 보라색 포도, 초록색 포도로 나누는 것은 색과 과일 종류라는 두 가지 기준에 의해 분류한 것입니다. 이러한 분류하기 활동은 나중에 연속된 연산에서 계산을 보다 간편하고 정확하게 하는 기술을 습득하는 데에 영향을 줄 수 있습니다.
　예 : 3 - 1 + 5 - 2 ⋯▶ 3 + 5 - 1 - 2 (더하기는 더하기끼리, 빼기는 빼기끼리 분류하여 계산)

❷ 순서짓기

　순서짓기는 사물을 길이, 크기, 넓이 등 한 가지 이상의 기준에 따라 순서대로 배열하는 활동으로 규칙성을 포함합니다. 순서짓기는 수배열과 밀접한 관련이 있는데, 다음 그림의 수배열판을 보시면 이해가 쉬울 것입니다.

1	2	3	4	5	6	7	8	9	10
11	12	13	14	15	16	17	18	19	20
21	22	23	24	25	26	27	28	29	30
31	32	33	34	35	36	37	38	39	40
41	42	43	44	45	46	47	48	49	50

　위의 그림에서 보면 왼쪽에서 오른쪽으로 갈수록, 위에서 아래로 갈수록 수의 크기는 점점 커지는 것을 알 수 있습니다. 이와 마찬가지로 가로줄을 기준으로 보면 십의 자리 수는 똑같지만 일의 자리 수는 변화되고, 세로줄을 기준으로 보면 일의 자리 수는 똑같지만 십의 자리 수가 변화됩니다. 이처럼 수는 일정한 규칙에 의해 순서대로 배열됩니다. 연산은 수의 규칙을 바탕으로 이루어지는 것이기 때문에 순서짓기 활동은 연산의 기초가 된다고 할 수 있습니다.

❸ 부분과 전체 파악하기

부분과 전체 파악하기는 여러 개의 사물이 두 개 이상의 부분들로 구성될 수 있다는 것을 파악하는 것입니다. 어린아이들에게는 실제 사물을 가지고 부분과 전체를 파악하는 활동을 하는 것이 효과적입니다. 예를 들어, 콩 5개는 콩 2개와 3개로 구성할 수도 있고 1개와 4개로도 구성할 수 있다는 것을 직접 실시함으로써 부분과 전체를 파악하는 능력을 길러 줄 수 있습니다. 이러한 부분과 전체 파악하기 활동은 연산과 비교적 직접적인 관련이 있습니다. 다시 말해, 아이가 2와 3이 5를 구성하는 부분이라는 것을 파악하고 있다면 2+3이 5라는 것을 알 수 있을 것이고, 5-3이 2라는 것도 알 수 있게 됩니다. 이러한 원리를 이용하여 연습하는 활동이 가르기와 모으기 활동입니다.

이와 같은 영역을 고려하여 수감각을 길러준다면 아이는 초등학교에 입학한 후, 연산을 수월하게 배워나갈 수 있을 것입니다. 단, 어린아이들에게는 숫자를 통한 학습보다는 실제적인 물건을 통해 학습하는 것이 더욱 효과적이라는 것을 참고하시기 바랍니다.

❖ 수감각의 특성
- 계산을 해야 하는 알고리즘이 아니다.
- 문제를 해결하기 위한 다양한 방법을 가지고 있다.
- 정확한 답을 요구하지 않는다.
- 아이들이 생각을 할 수 있도록 이끌어준다.
- 수에 대한 직관적인 느낌과 다양한 관계를 이해한다.
- 계산과 측정을 위한 상대적인 크기를 판단할 수 있는 능력이 포함된다.

❖ 수세기의 원리
아이들이 수세기를 하는 데에는 다음 5가지 원리가 있습니다(Gelman과 Gallist, 1978).

원리 1 : 일대일 대응의 원리 ⋯ 물건 하나를 한 번만 세는 것
원리 2 : 안정적 서열의 원리 ⋯ 수를 순서대로 세는 것

원리 3 : 순서 무관의 원리 …▶
어떤 물건에서 수세기를 시작하든 상관없는 것

원리 4 : 추상화 원리 …▶
어떤 물건이든지 수세기의 대상이 될 수 있다는 것

원리 5 : 기수적 원리 …▶
마지막에 센 수가 집합 전체의 수라는 것

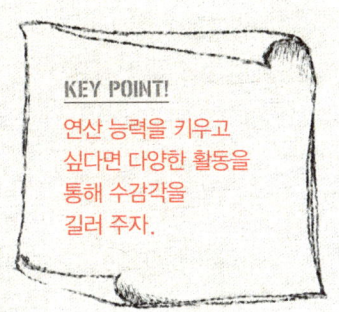

KEY POINT!
연산 능력을 키우고 싶다면 다양한 활동을 통해 수감각을 길러 주자.

Q6. 나중에 문장제 문제를 잘 풀게 하려면 지금 무엇을 가르쳐야 하나요?

학령기 아이들에게 가장 어려운 수학 문제가 무엇이냐고 물어보면 10명 중 9명은 문장제 문제라고 대답합니다. 문장제 문제가 수학 점수를 좌지우지한다고 해도 과언이 아닐 만큼 요즘 문장제 문제의 중요성은 갈수록 커지고 있습니다. 아이들은 왜 문장제 문제를 어려워할까요?

문장제 문제를 어려워하는 이유 중 하나는 읽기 능력이 부족하기 때문입니다. 읽기 능력이 부족한 아이는 문제를 읽고 핵심을 파악하는 것이 어렵습니다. 그래서 문제의 내용을 이해하지 못한 채 문장제 문제에 있는 숫자들을 무조건 더하거나 빼는 식의 오류를 보이기도 합니다. 이러한 문제를 보이는 아이들에게는 수학 문장제 문제를 풀게 하는 것보다 읽기 능력을 길러주는 것이 우선시 되어야 합니다. 읽기 능력을 기르기 위해서는 다양한 장르의 책을 읽고, 중요한 내용이 무엇인지를 찾는 연습을 하는 것이 효과적입니다.

아이들이 문장제 문제를 읽고 핵심을 파악하지 못하는 또 다른 이유는 문제를 실제 상황과 관련지어 생각하는 능력이 부족하기 때문입니다. 만약 '철수는 사과 3개를 먹었고, 영희는 사과 4개를 먹었다면 철수와 영희가 먹은 사과는 모두 몇 개입니까?'라는 질문을 읽었을 때, 아이가 철수와 영희가 사과를 먹는 모습을 떠올린다면 훨씬 수월하게 이 문제를 풀 수 있을 것입니다. 따라서 문장제 문제를 잘 풀게 하려면 평소에 수학과 실생활을 관련지어 가르치는 것이 효과적입니다. 수학을 배우는 목적은 단순히 수학적 지식을 얻기 위한 것이 아니라 일상생활에 활용하기 위한 것입니다. 문장제 문제는 이러한 수학의 목적을 가장 잘 반영한 문제 형태입니다. 그렇기 때문에 최근 들어 더욱 그 중요성이 강조되고 있는 것이지요. 그 밖에도 문제에서 필요한 정보와 필요하지 않은 정보를 구별해내는 연습을 하는 것도 좋은 방법이 됩니다. 다음 문제를 볼까요?

문제 : 재우는 과자 3개를 가지고 있었습니다. 그런데 서현이가 과자 4개를 더 주었습니다. 그리고 엄마가 사탕 2개를 주셨습니다. 재우는 모두 몇 개의 과자를 가지고 있나요?

이 문제에서 재우가 가지고 있던 과자 3개와 서현이가 준 과자 4개는 문제를 해결하기 위해 꼭 필요한 정보인 반면, 엄마가 준 사탕 2개는 불필요한 정보입니다. 이렇게 필요한 정보에 집중하고, 필요하지 않은 정보는 구별해내는 것은 문장제 문제를 잘 풀기 위해 요구되는 능력 중 하나입니다.

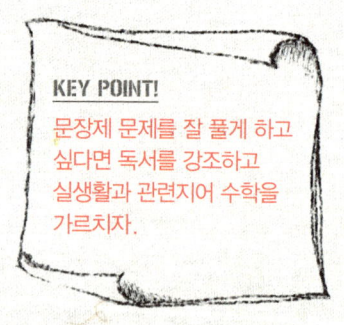

KEY POINT!
문장제 문제를 잘 풀게 하고 싶다면 독서를 강조하고 실생활과 관련지어 수학을 가르치자.

Q7. 수학을 놀이로만 해도 괜찮을까요?

예전에 수학 점수가 매우 낮았던 초등학교 2학년 아이가 있었습니다. 이 아이는 제가 수학책을 꺼내자마자 울기 시작했습니다. 그리고 수학책을 펼치자 물건을 던지는 등 폭력적인 행동을 보였습니다. 상담 결과, 이 아이는 어렸을 때부터 지나친 선행학습을 받았고, 그 결과 수학에 대한 심한 거부감을 갖게 된 것이었음을 알게 되었습니다. 그때부터 수학 부진 아이들을 지도할 때 제가 가장 먼저 하는 일은 아이들이 수학에 대해 가지고 있는 나쁜 기억을 지우고 긍정적 이미지를 심어 주는 것이 되었습니다. 수학에 대한 이미지를 바꾸어 주기 위해 선택한 방법 중의 하나는 수학 개념을 배울 수 있는 놀이였습니다. 어느날, 이 아이가 저에게 물었습니다. '왜 공부 안 하고 맨날 놀아요?' 이 이야기는 아이들은 이미 '수학=공부'로 인식하고 있다는 것이 아닐까요?

어린아이들에게는 흥미로운 활동을 통해 수학에 대한 관심과 흥미를 높여주는 것이 수학적 지식을 강요하는 것보다 더욱 중요합니다. 이를 위해 가장 좋은 방법으로 놀이만한 것이 없습니다. 아이들은 놀이를 통해 자연스럽고 재미있게 수학을 접하고 경험할 수 있습니다. 또한 아이들에게는 추상적인 수단보다는 구체적인 수단을 통하여 지도하는 것이 더 효과적입니다. 이것은 이미 수많은 학자들에 의해 증명되어 왔습니다. 유명한 학자인 프뢰벨도 아이들이 장난감을 통해 창의력과 사고력을 발달시킬 수 있다고 하였으며, 심지어 아이들이 가지고 노는 물건을 '은물', 즉 신의 선물이라고 표현하기까지 했습니다.

아이들에게 놀이란, 어른들의 놀이와 다릅니다. 아이들은 놀이를 통해 세상의 많은 개념과 규칙들을 습득해 갑니다. 즐거운 놀이를 통해 아이들이 웃으며 수학 개념을 터득해 갈 수 있도록 해주는 것이 가장 효과적이고 파워풀한 수학 교육이 될 것입니다.

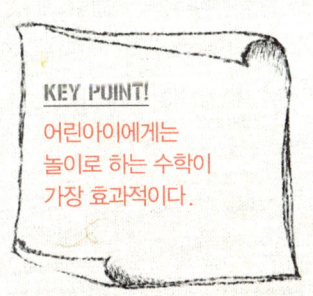

KEY POINT!
어린아이에게는 놀이로 하는 수학이 가장 효과적이다.

Q8. 아이가 모르는 것을 일일이 가르쳐 주어야 하나요?

발명가 에디슨은 1,000번째 시도에서 전구를 발명했다고 합니다. 사람들은 999번의 실패를 딛고 드디어 전구를 발명했다고 이야기했지만 에디슨의 이야기는 달랐습니다.

'나는 999번을 실패한 것이 아니라 999개의 잘못된 방법을 찾은 것이다.'

　이 이야기는 실패를 긍정적인 마인드로 바라보았다는 메시지만을 담고 있는 것은 아닙니다. 실패는 올바른 방법을 찾을 수 있는 거름이 된다는 진리를 말하고 있는 것입니다. 아이들에게 수학을 지도할 때도 마찬가지입니다. 분명히 간단하고 빠르게 풀 수 있는 방법이 있는데 효과적이지 않은 방법으로 문제를 푸는 아이를 보면서 답답해 하셨던 적이 많으시지요? 이럴 때면 효과적인 해결 방법을 가르쳐 주고 싶은 것이 엄마의 마음일 것입니다. 그러나 이것은 어디까지나 어른의 시각으로 아이를 바라본 것일 뿐입니다.
　아이는 어른의 축소판이 아니라 어른과는 다른 방식으로 인식하고 사고하는 존재입니다. 이것은 앞에서 설명한 인지구조 발달의 차이 때문입니다. 따라서 아이의 수준에서 아이가 스스로 문제를 해결해 가는 시도를 존중해 줄 필요가 있습니다. 아이들은 수많은 시행착오를 거치면서 스스로 문제를 해결하는 다양한 방법을 찾게 되고, 사고력을 기를 수 있게 되며 과제에 대한 지속적인 집중력을 기를 수 있습니다. 그리고 이런 노력을 통해 얻어진 '해결'이라는 보상은 아이에게 또 다른 과제에 도전하고자 하는 동기를 심어 주게 되는 것입니다.
　다만 한 가지 주의할 점은 아이가 스스로 찾기를 무조건 기다려 주기만 하는 것이 최선은 아니라는 것입니다. 아이가 스스로 탐색하고 해결할 기회를 주는 것은 맞지만, 아이가 끝내 해결하지 못하는 상황이 되어 도움을 요청한다면 약간의 도움을 제공하는 것이 좋습니다. 단, 아이가 도움을 요청하였을 때 완벽한 방법을 알려주기보다는 힌트를 제시하여 아이가 문제를 해결해 가는 과정 자체에 도움을 주는 것이 바람직합니다

KEY POINT!
아이가 스스로 탐색하고 발견할 수 있도록 기회를 주자.

[참고] 물건의 개수를 셀 때 아이가 보일 수 있는 오류 유형

1. 물건의 수를 중복해서 세는 오류

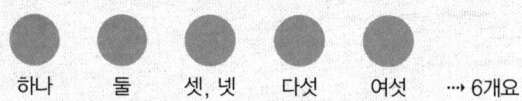

2. 물건의 수를 빠뜨리고 세는 오류

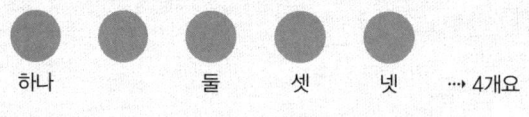

▶ 한 개의 물건에는 반드시 하나의 수만 대응된다는 것을 가르쳐준다.

3. 끝없이 세는 오류

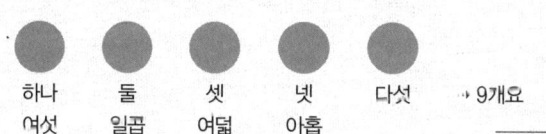

4. 수를 순서대로 세지 못하는 오류

▶ 수를 세는 순서를 가르쳐준다.

5. 전체 개수를 잘못 파악한 오류

▶ 마지막에 센 수가 전체의 개수를 나타낸다는 것을 가르쳐준다.

* 더(More)와 덜(Less) 구별하기
* 여러 가지 사물을 색이나 형태, 또는 이름에 따라 분류하기
* 큰 물건과 작은 물건 구별하기
* '위, 아래, 안'이 포함된 지시를 듣고 수행하기
* 3가지 모양의 물체를 보고 적절한 모양틀에 끼워 넣기
* 4가지 크기의 물체를 크기의 순서에 따라 모양틀에 끼워 넣기
* 동그라미, 세모, 네모와 같은 도형을 보고 같은 모양의 그림 짝짓기
* 동그라미, 세모, 네모 식별하기

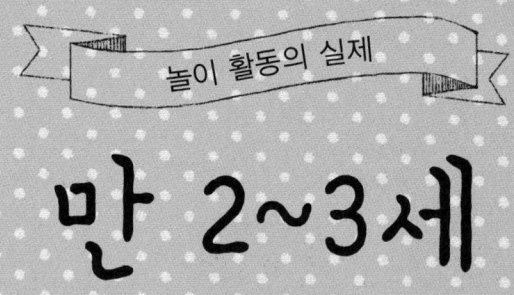

놀이 활동의 실제

만 2~3세

THE ACTUAL PLAY ACTIVITIES

엄마, 더 주세요!

* **관련된 수행목표**

더(More)와 덜(Less)을 구별할 수 있다.

* **교육적 효과**

❶ 비교 개념을 습득할 수 있다.
❷ 양에 대한 수감각을 기를 수 있다.

* 준비물기
투명한 컵, 주스

🐦 만 2~3세 * 만 3~4세 * 만 5세

1 속이 보이는 투명한 유리컵에 주스를 반 정도 따릅니다. 이 컵은 더, 덜 개념에 대한 기준컵으로 사용합니다.
　❶ 주스는 색이 선명한 것으로 선택하세요.
　❷ 유리병이 불안하다면 투명한 플라스틱 일회용 컵을 이용해도 좋습니다.

2 '더(more)'라는 용어를 사용하며 기준컵(1번 컵)보다 주스를 더 많이 따릅니다.

3 '덜(less)'라는 용어를 사용하며 기준컵(1번 컵)보다 주스를 조금 덜 따릅니다.

4 컵을 순서대로 놓고 어느 것이 '더' 많고, 어느 것이 조금 '덜' 있는지 이야기 나눕니다.

여러 가지 방법으로 나눠요

* 관련된 수행목표

여러 가지 사물을 색이나 형태, 또는 이름에 따라 분류할 수 있다.

* 교육적 효과

❶ 집중력을 기를 수 있다.
❷ 사물에 대한 관찰력을 기를 수 있다.
❸ 사물 분류에 대한 기준을 세울 수 있다.

* 준비할 것
여러 가지 색종이, 가위

만 2~3세 * 만 3~4세 * 만 5세

1 두 가지 색의 색종이를 원, 삼각형, 사각형의 모양으로 오립니다.
   ❶ 원, 삼각형은 아이가 오리기 어려우니, 아이에게는 사각형을 오리도록 해 주세요.
   ❷ 아이가 다치지 않도록 안전가위를 사용하도록 하세요.
   ❸ 아이의 수준에 따라 색의 개수나 도형의 크기를 다양하게 조절해 주세요.
   ❹ 도형을 오릴 때 어떤 모양을 오리는지를 언어적으로 표현해 주시면 더욱 좋습니다.

2 도형들을 색에 따라 나누어 보도록 합니다.
   ❶ 아이의 흥미를 끌기 위해 아이가 평소에 좋아하는 색을 활용하는 것이 좋습니다.
   ❷ 불안이 심한 아이라면 이미 알고 있는 이름의 색을, 도전적 성향이 강하다면 아이가 모르는 이름의 색을 선택하도록 합니다.
   ❸ 수준이 낮은 아이에게는 명확히 구별되는 색을 제시하고, 나중에 비슷한 색을 제시하는 것이 좋습니다.
      (예 : 빨강vs.파랑 → 초록vs.연두)

3 도형들을 모양에 따라 나누어 보도록 합니다.
   ❶ 도형이나 물건을 분류할 때, 분류의 기준이 되는 특징(예 : 햇님처럼 동그란 모양)을 이야기해 주는 것이 좋습니다.
   ❷ 아이가 어려워한다면 엄마가 먼저 분류하는 시범을 보여 주세요.

Tip
도형 이외에도 양말, 학용품, 곡식(콩, 쌀) 등 집에서 흔히 볼 수 있는 물건을 대상으로 분류해 볼 수 있습니다.

누구 양말이 더 클까?

* 관련된 수행목표

큰 물건과 작은 물건을 구별할 수 있다.

* 교육적 효과

❶ 집중력을 기를 수 있다.
❷ 사물에 대한 관찰력을 기를 수 있다.
❸ 크기에 대한 직관력을 기를 수 있다.
❹ 사물을 비교하는 능력을 기를 수 있다.

★ 준비하기
다양한 크기의 양말 여러 켤레,
다양한 길이의 색연필

Tip

양말 이외에도 크기 비교가 가능한 생활 용품들(예 : 컵, 숟가락, 그릇 등)을 활용하는 것도 좋습니다.

🐦 **만 2~3세** ✱ 만 3~4세 ✱ 만 5세

1. 다양한 크기의 양말을 준비합니다.
   ❶ 흥미를 높이기 위해 아이의 양말을 포함시키는 것이 좋습니다.
   ❷ 크기 비교가 애매한 양말들은 포함시키지 않는 것이 좋습니다.
      (예 : 양말의 길이에서는 차이가 있지만 폭에서는 차이가 없는 양말)

2. 양말을 큰 것과 작은 것으로 나누도록 합니다.
   ❶ 처음에는 아주 작은 양말과 아주 큰 양말을 한 켤레씩 준비하여 활동하고, 다음에는 크기 차이가 조금씩 줄어들도록 하여 활동하도록 하는 것이 좋습니다.

3. 크고 작은 양말과 길이가 다른 색연필들을 준비합니다.
   ❶ 색연필의 길이가 확연하게 길고 짧은 것으로만 준비하고, 중간 길이의 색연필은 포함시키지 마세요.

4. 양말과 색연필을 크기에 따라 각각 작은 그룹과 큰 그룹으로 나누도록 합니다.

5. 4개의 집합(큰 양말, 작은 양말, 큰 색연필, 작은 색연필)을 크기에 따라 2개의 집합(큰 것, 작은 것)으로 나누도록 합니다.

1

2

3

4

5

위치 개념 콜라주

* **관련된 수행목표**

'위, 아래, 안'이 포함된 지시를 듣고 수행할 수 있다.

* **교육적 효과**

❶ 위치 개념을 알 수 있다.
❷ 소근육 운동 능력을 기를 수 있다.
❸ 미적 감각을 키울 수 있다.

★ 준비할것
고무찰흙, 도화지 2장, 사인펜 혹은 수정펜

Tip

다 쓴 페트병이나 종이컵에 붙이면 보다 입체적인 작품으로 만들 수 있습니다. 고무찰흙 대신 스티커를 사용하면 더 간편하게 할 수 있습니다. 검은색 도화지를 활용하면 더 풍부한 색감을 낼 수 있어 좋습니다. 붙일 수 있는 각종 재료들(예 : 콩, 쌀 등의 곡식, 뚜껑, 고무찰흙 등)을 다양하게 활용해 보는 것도 좋습니다.

🐦 만 2~3세 ✱ 만 3~4세 ✱ 만 5세

1. 도화지 1장을 2등분하여 오립니다.
   ❶ 집중력이 짧은 아이는 종이의 크기를 작게 해주세요.
   ❷ "싹둑싹둑"과 같은 의성어나 의태어 등을 자연스럽게 사용하면 표현력을 길러줄 수 있습니다.

2. 오린 도화지 2장에 동그라미를 그립니다.

3. 아이와 함께 손가락으로 고무찰흙을 동그랗게 만듭니다.
   ❶ 고무찰흙 대신 콩이나 쌀 등의 물체를 사용할 때에는 붙일 위치에 양면테이프를 붙여 줍니다.
   ❷ 고무찰흙을 동그랗게 만들기 어려워하는 아이는 찰흙을 길쭉하게 밀어서 끊어 쓰도록 합니다.

4. "동그라미 안에 붙여 보자."라는 말과 함께 동그라미 안에 고무찰흙을 붙입니다.
   ❶ 고무찰흙의 크기를 다양하게 만들면 양과 크기의 개념 지도에 도움이 됩니다.
   ❷ 아이가 어려워하면 엄마가 어떻게 하는 지 시범을 보여줍니다.

5. "동그라미 위에 붙여 보자."라는 말과 함께 동그라미 위에 고무찰흙을 붙입니다. 동그라미 아래도 마찬가지로 붙입니다.
   ❶ 원의 위와 아래가 명확히 구별될 수 있도록 해 주세요.

6. 완성된 조각들을 도화지에 붙여서 하나의 작품을 완성합니다.
   ❶ 액자처럼 만들어서 아이의 방에 전시해 주면 성취감을 향상시킬 수 있습니다.

💬 엄마 고무찰흙을 동그랗게 만들어 보자.

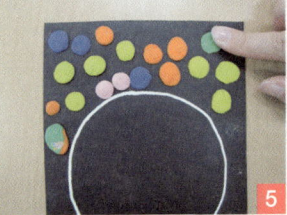

식빵 모양 맞추기

✱ 관련된 수행목표
3가지 모양의 물체를 보고 적절한 모양틀에 끼워 넣을 수 있다.

✱ 교육적 효과
① 크기와 모양을 비교하는 능력을 키울 수 있다.
② 소근육 운동 능력을 기를 수 있다.

✱ 준비할 것
식빵, 쿠키틀

🐦 만 2~3세 ✽ 만 3~4세 ✽ 만 5세

1. 아이와 함께 식빵에 쿠키틀로 구멍을 냅니다.
   ❶ 쿠키틀은 천원숍에 가면 저렴하게 구매할 수 있습니다.

2. 식빵에서 모양 조각을 조심스럽게 떼어 냅니다.

3. 다른 모양의 쿠키틀도 마찬가지로 식빵에 구멍을 냅니다.
   ❶ 모양틀의 크기는 아이들의 소근육 운동 능력(예 : 손가락 조절 능력)에 따라 조절하세요.
   ❷ 활동의 난이도를 낮추려면 확연한 차이가 있는 모양의 쿠키틀을 선택하고, 난이도를 높이려면 비슷하지만 약간 다른 쿠키틀을 선택하세요.

4. 아이와 함께 잘라 낸 모양을 구멍에 맞게 끼워 넣습니다.

5. 식빵 조각들을 모두 집어넣어 완성합니다.

Tip
활동이 끝난 후, 아이와 식빵 모양에 따라 골라 먹어보면서 모양에 대해 복습하는 기회를 갖는 것도 좋은 방법입니다. 식빵을 이용하여 하는 활동이므로 간식 시간을 활용해도 좋습니다.

1

2

3

4

5

샌드위치 만들기

* 관련된 수행목표

4가지 크기의 물체를 크기의 순서에 따라 모양틀에 끼워 넣을 수 있다.

* 교육적 효과

❶ 크기를 비교하는 능력을 키울 수 있다.
❷ 소근육 운동 능력을 기를 수 있다.
❸ 미적 감각을 키울 수 있다.

*준비할 것
식빵, 잼, 치즈, 숟가락, 접시

🐦 만 2~3세 * 만 3~4세 * 만 5세

1. 식빵, 치즈를 각각 4가지 크기로 자릅니다. 단, 치즈는 크기별로 각각 1개씩, 식빵은 각각 2개씩 자릅니다.
   ① 식빵, 치즈를 다른 크기로 자를 때, 식빵, 치즈는 한 세트로 만들어 주세요.
      (예 : 1set - 큰 식빵, 큰 치즈   2set - 작은 식빵, 작은 치즈)
   ② 샌드위치를 만들어야 하므로 식빵은 각각 2개씩 만들어 준비하세요.
   ③ 치즈를 자를 때에는 비닐을 벗기지 않고 차가운 상태로 자르는 것이 더 잘 잘립니다.

2. 식빵 한 쪽에 잼을 바릅니다.
   ① 잼을 바르면 접착제의 역할을 해서 치즈나 햄이 더 잘 붙습니다.

3. 크기가 다른 식빵 조각들을 보고, 치즈를 크기 순서대로 빵에 얹게 합니다.
   ① 작은 것부터 시작해도 좋고, 큰 것부터 시작해도 좋습니다.
   ② 수준이 낮은 아이에게는 식빵조각을 크기 순서대로 미리 배열해 주는 것이 좋습니다.
   ③ 수준이 높은 아이는 식빵 조각을 무작위로 섞어서 제시하는 것이 좋습니다.

4. 마지막으로 식빵 조각들을 크기 순서대로 재료들 위에 얹어 샌드위치를 완성합니다.

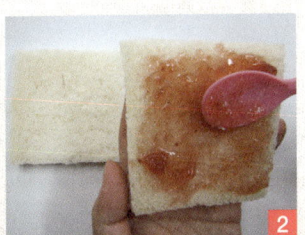

Tip

⋯ 모양틀에 끼워 넣는 활동은 모양틀에 있는 구멍의 크기와 끼워 넣을 사물의 크기를 비교하여 같은 크기를 찾도록 하는 것에 목적이 있습니다. 따라서 식빵과 재료들을 활용하는 방법은 모양틀에 끼워 넣는 활동과 동일한 교육적 효과가 있습니다.

⋯ 색종이를 사용하여 간단하게 활동할 수도 있습니다. 도화지에 크기가 다른 도형을 그리고, 그려진 도형의 크기와 동일한 크기로 색종이를 자른 뒤, 아이에게 색종이 도형을 크기순으로 도화지의 도형에 알맞게 붙이도록 합니다.

재미있는 모양을 만들자

* **관련된 수행목표**

동그라미, 세모, 네모와 같은 도형을 보고 같은 모양의 그림과 짝지을 수 있다.

* **교육적 효과**

❶ 도형을 인식하고 비교하는 능력을 기를 수 있다.
❷ 소근육 운동 능력을 기를 수 있다.
❸ 미적 감각을 키울 수 있다.

*준비물
색종이, 도화지, 가위, 풀

만 2~3세 ✱ 만 3~4세 ✱ 만 5세

1 색종이로 여러 모양의 도형을 오립니다.
❶ 아이의 수준이 높을수록 더욱 다양한 크기와 여러 가지 색을 사용하는 것이 좋습니다.

2 여러 모양의 도형을 하나씩 종이에 붙여서 아이에게 제공합니다.
❶ 수준이 낮은 아이에게는 크기와 모양이 동일한 도형을 제공하는 것이 좋습니다.

3 아이가 각 도형과 같은 도형을 찾아 짝지어 붙이도록 합니다.

4 짝지어 붙인 도형에 그림을 그려 완성합니다.
❶ "눈사람같다~ 눈사람을 그려 볼까?"처럼 특정 모양을 지정해 주는 것은 아이의 창의력을 저하시킬 수 있습니다. 따라서 특정 모양을 그리라고 말해 주지 말고, 아이가 상상하여 그릴 수 있도록 하는 것이 좋습니다.

5 여러 모양의 도형을 이용하여 재미있는 그림을 완성합니다.
❶ 아이가 어떻게 해야 할지 모르면 엄마가 먼저 시범을 보여주거나 약간의 힌트를 제공해 주세요.
(예 : "집을 만들려면 어떤 모양이 있으면 될까?")

무엇이 무엇이 똑같을까?

* **관련된 수행목표**

동그라미, 세모, 네모를 식별할 수 있다.

* **교육적 효과**

❶ 도형을 인식하고 식별하는 능력을 기를 수 있다.
❷ 시각 집중력 및 변별력을 기를 수 있다.
❸ 선택적 주의집중력을 기를 수 있다.

색종이, 가위

 만 2~3세 ✽ 만 3~4세 ✽ 만 5세

1 여러 색의 종이로 다양한 모양과 크기의 도형을 오립니다.
   ❶ 아이의 수준에 따라 도형의 크기 및 색의 수를 조정하세요.

2 동그라미 모양의 도형을 식별하여 모으도록 합니다.
   ❶ 크기와 색이 달라도 동그란 것은 모두 같은 모양이라는 것을 알려 주세요.

3 다른 도형들도 같은 방법으로 같은 모양끼리 식별하여 모으도록 합니다.

> 엄마
> 동그란 모양을 찾아볼까?
> 색이나 크기가 달라도
> 동그란 모양은
> 모두 찾아보자.

* 물건을 들어보고 무거운지 또는 가벼운지 말할 수 있다.
* 3개 이상의 물건을 일대일로 대응시킬 수 있다.
* 물건을 보고 긴 것과 짧은 것을 가리킬 수 있다.
* 여러 가지 물건을 분류하고 정리할 수 있다.
* 물체나 그림을 보고 맨 위, 맨 아래를 알 수 있다.
* 컵에 담긴 물을 보고 '가득 찼다, 비어있다'의 개념을 알 수 있다.
* 6조각으로 구성된 퍼즐을 맞출 수 있다.
* 10까지 따라서 셀 수 있다.
* 블록 3개로 모양 만드는 것을 보고 따라서 할 수 있다.
* 물체의 배열을 보고 순서나 형태를 연결할 수 있다.
* '같다, 다르다'의 개념을 알고 말할 수 있다.
* 동그라미, 세모, 네모를 보고 도형의 이름을 말할 수 있다.

놀이 활동의 실제

만 3~4세

THE ACTUAL PLAY ACTIVITIES

옷걸이 양팔 저울

* **관련된 수행목표**

물건을 들어보고 무거운지 가벼운지 말할 수 있다.

* **교육적 효과**

❶ 무게에 대한 개념을 기를 수 있다.
❷ 언어적 표현 능력을 기를 수 있다.
❸ 소근육 조작 능력을 기를 수 있다.
❹ 창의력을 기를 수 있다.

옷걸이, 끈, 일회용컵, 테이프, 송곳

> **Tip**
>
> 옷걸이 대신 아이의 팔에 직접 바구니 등을 걸어서 양쪽 팔에 걸린 물체의 무게를 느껴 보게 하는 것도 좋은 방법입니다.

1. 일회용컵의 양쪽에 송곳으로 구멍을 뚫습니다.
   ❶ 양쪽에 구멍을 뚫을 때, 대칭이 되도록 뚫어야 나중에 매달았을 때 안정적으로 균형을 잡을 수 있습니다.

2. 1번에서 뚫은 구멍에 끈을 넣어 묶어 주세요. 다른 일회용컵에도 같은 방법으로 끈을 묶어 주세요.
   ❶ 끈이 컵의 중앙을 가로지르면 물건을 담기 어려우므로 중앙을 지나가지 않게 묶어 주세요.

3. 옷걸이의 양쪽 끝에 앞에서 만든 일회용컵을 묶어 주세요.
   ❶ 옷걸이에 묶을 때 한쪽으로 치우치지 않게 무게 중심을 잘 잡아서 묶어 주세요.
   ❷ 끈의 길이가 너무 짧거나 길지 않게 묶어 주세요.

4. 한 쪽 컵에는 물건을 조금 넣고, 다른 한 쪽에는 물건을 많이 넣어 옷걸이가 기울어지는 것을 관찰하도록 하세요.
   ❶ 아이에게 무게가 무거운 쪽이 아래로 내려간다는 사실에 대해서 설명해 주세요.
   ❷ 옷걸이를 벽에 박힌 못에 걸어 놓고 활동을 해도 좋습니다.

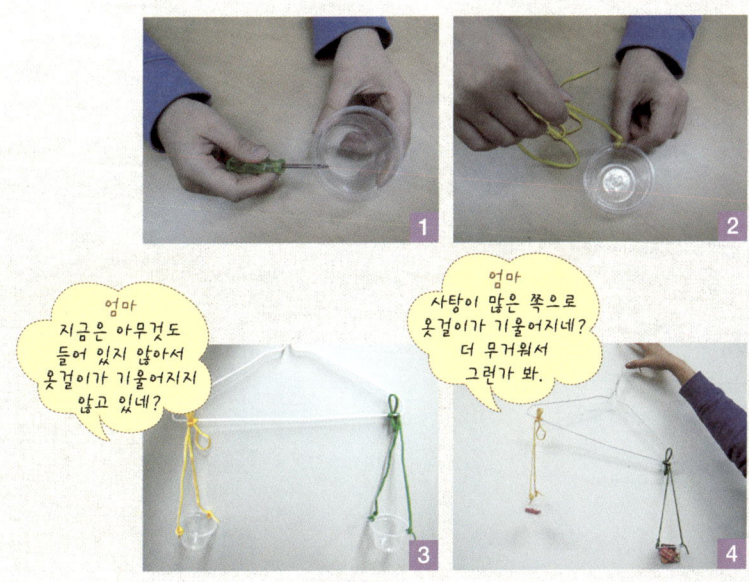

빨래집게 집기

* 관련된 수행목표

3개 이상의 물건을 일대일로 대응시킬 수 있다.

* 교육적 효과

❶ 수세기 능력을 기를 수 있다.
❷ 눈 손 협응 능력을 기를 수 있다.
❸ 소근육 운동 능력을 기를 수 있다.

종이, 색연필, 빨래집게

만 2~3세 ✽ 만 3~4세 ✽ 만 5세

1 각각의 종이에 1~3개의 간단한 그림을 그립니다.

2 꽃이 하나 그려진 종이에는 빨래집게 한 개, 꽃이 두 개 그려진 종이에는 빨래집게 두 개를 집도록 합니다.
❶ 빨래집게를 숨겼다가 짠~하고 보여 주면 아이의 흥미 유발에 도움이 됩니다.

3 나머지도 마찬가지 방법으로 그림 하나에 빨래집게 하나씩 집도록 합니다.

Tip
빨랫줄에 양말을 널면서 빨래집게로 하나씩 대응해 가며 집도록 하는 것도 좋은 방법입니다.

엄마
꽃 한 송이에
빨래집게 하나씩
집어 주자.

빨래집게 사진 액자

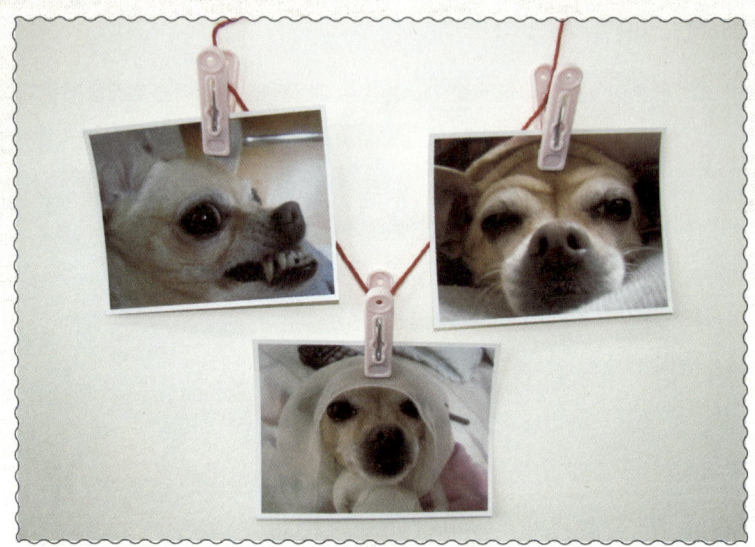

* 관련된 수행목표

3개 이상의 물건을 일대일로 대응시킬 수 있다.

* 교육적 효과

❶ 수 세기 능력을 기를 수 있다.
❷ 눈 손 협응 능력을 기를 수 있다.
❸ 소근육 운동 능력을 기를 수 있다.

준비물
빨래집게, 끈, 사진, 가위

Tip
빨랫줄에 양말을 널면서 빨래집게로 하나씩 대응해가며 집도록 하는 것도 좋은 방법입니다.

🐦 만 2~3세 ✻ 만 3~4세 ✻ 만 5세

1 끈을 알맞은 길이로 자릅니다.
   ❶ 빨래집게 1개를 연결할 끈은 조금 짧게, 빨래집게 3개를 연결할 끈은 조금 길게 자르도록 합니다.

2 끈을 빨래집게에 묶어 고리 모양이 되도록 만듭니다.
   ❶ 빨래집게에 고리 모양으로 끈을 연결합니다.
   ❷ 빨래집게가 고정될 수 있도록 빨래집게 안쪽에 있는 철사 부분에 매듭을 지어 주는 것이 좋습니다.

3 1~3개의 빨래집게를 끈으로 연결합니다.

4 빨래집게 하나에 사진을 하나씩 걸도록 합니다.
   ❶ 아이가 찍힌 사진이나 아이의 흥미를 유발할 수 있는 다른 물체를 사용하면 좋습니다.
   ❷ '사진 한 장'이라는 말을 사용하면 사진을 세는 단위가 '장'이라는 것을 아이가 자연스럽게 인지할 수 있습니다.

5 각각의 빨래집게 개수만큼 사진을 걸어서 완성된 작품을 전시해 줍니다.

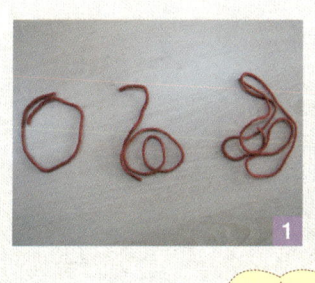

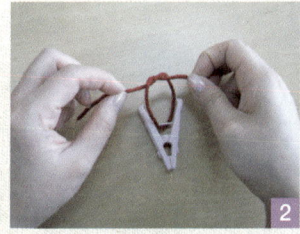

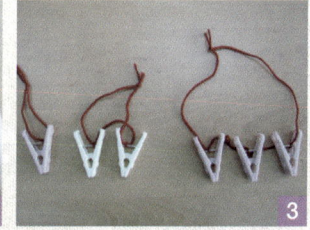

엄마
빨래집게 하나에
사진 한 장씩
연결해 주자.

리본 기차 만들기

* **관련된 수행목표**

물건을 보고 긴 것과 짧은 것을 가리킬 수 있다.

* **교육적 효과**

❶ 길이 비교 능력을 기를 수 있다.
❷ 언어 이해 능력을 기를 수 있다.
❸ 눈 손 협응 능력을 기를 수 있다.
❹ 소근육 운동 능력을 기를 수 있다.

도화지, 리본끈이나 긴 색종이, 가위, 풀, 펜

과자 상자를 이용해서 입체감 있게 만들어 주면 더 좋습니다.

🐦 만 2~3세 ✷ 만 3~4세 ✷ 만 5세

1 종이에 길이가 긴 기차와 짧은 기차를 각각 하나씩 그립니다.
   ❶ 길이가 확연하게 차이 날 수 있도록 구분하여 그려 주세요.

2 색끈이나 색종이를 긴 것과 짧은 것으로 나누어 자릅니다.
   ❶ 케이크 포장용으로 쓰고 남은 끈 등을 이용하면 좋습니다.
   ❷ '긴~~끈'이라고 말할 때는 말도 늘여서 길게 말해 주고, '짧은 끈'을 말할 때는 말도 짧게 말해 주는 것이 좋습니다.

3 긴 끈과 짧은 끈을 여러 개 준비하고 어느 것이 길고, 어느 것이 짧은지 가리키게 합니다.
   ❶ 아이의 수준에 따라 긴 끈과 짧은 끈의 길이 차이를 조정해도 좋습니다.

4 긴 끈은 긴 기차에 붙이도록 합니다.
   ❶ 기차에 풀칠을 미리 해놓으면 편리합니다.
   ❷ 일반 풀로 붙지 않으면 밥풀이나 목공용 풀을 이용할 수 있습니다.

5 짧은 끈은 짧은 기차에 붙이도록 합니다.

6 끈을 붙인 기차를 오려 끈으로 연결하여 기차를 완성합니다.
   ❶ 완성된 기차 뒤에 도톰한 종이 박스를 오려서 붙이면 더 견고해 집니다.

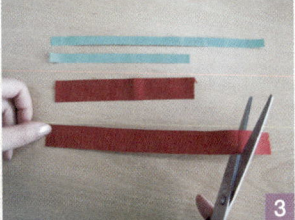

같은 팀을 만들자

* 관련된 수행목표

여러 가지 물건을 분류하고 정리할 수 있다.

* 교육적 효과

❶ 사물을 관찰하는 능력을 기를 수 있다.
❷ 선택적 주의집중 능력을 기를 수 있다.
❸ 일상생활에서 물건을 정리하는 습관을 기를 수 있다.

색연필, 크레파스, 뽕뽕이

만 2~3세 ✻ 만 3~4세 ✻ 만 5세

1 2~3가지 색의 색연필과 크레파스를 섞어 놓습니다.

2 섞어 놓은 색연필과 크레파스를 같은 계열의 색을 기준으로 분류합니다(분류 기준 1개).

3 여러 가지 색과 크기로 이루어진 물건을 섞어서 제시한 후, 크기를 기준으로 분류합니다
   (분류 기준 1개).
   ❶ 단추, 구슬 등을 이용해도 좋습니다.

4 크기에는 상관없이 색이 같은 물건끼리 분류합니다(분류 기준 1개).

5 난이도를 높이기 위해 크기와 색이 같은 물건끼리 분류합니다(분류 기준 2개).

Tip

처음에는 하나의 기준으로 물건을 분류하게 하고, 점차적으로 기준의 수를 늘려 나가는 것이 좋습니다.

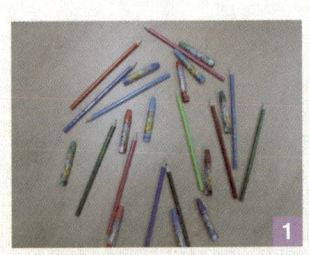
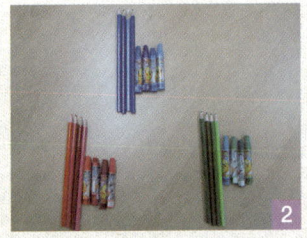
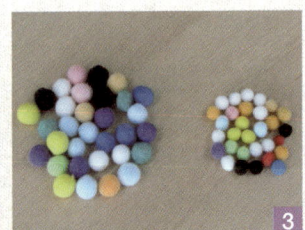

유리병 계단

* **관련된 수행목표**

물체나 그림을 보고 맨 위, 맨 아래를 알 수 있다.

* **교육적 효과**

❶ 소근육 운동 능력을 기를 수 있다.
❷ 눈 손 협응 능력을 기를 수 있다.
❸ 높이에 대한 개념을 이해할 수 있다.

유리병, 주사위,
벨크로(찍찍이), 뽕뽕이, 가위

Tip

병 대신에 바가지나 믹싱볼 등을 이용해도 좋습니다.

1. 아이가 셀 수 있는 수의 범위 안에서 숫자를 적어 주사위를 만듭니다.
   ❶ 숫자를 모르는 아이는 점으로 된 주사위를 이용해도 좋습니다.

2. 벨크로에서 까슬까슬한 면(까슬이)을 유리병에 붙일 개수만큼 잘게 자릅니다.

3. 병의 중간 높이에 기준이 되는 까슬이를 붙이고, 위쪽, 아래쪽으로 까슬이를 붙여 나갑니다.
   ❶ 아이의 수준을 고려하여 붙이는 까슬이의 수를 조절하세요.

4. 한 사람은 맨 위, 다른 한 사람은 맨 아래에 도착할 수 있도록 주사위를 굴려 나온 수만큼 말을 움직입니다. (예 : 맨 위에 도착해야 하는 사람은 말을 위쪽으로 움직이면 됩니다.)
   ❶ 말로 사용하는 물건이 잘 붙지 않으면 벨크로의 보슬이(보들보들한 면)를 붙여서 사용하면 좋습니다.

5. 맨 위 또는 맨 아래에 먼저 도착하는 사람이 게임에서 이기게 됩니다.
   ❶ 맨 위, 맨 아래 지점에는 스티커 등을 이용해 표시해 주세요.

6. 아이와 함께 맨 위, 맨 아래에 대해 다시 한 번 이야기하며 활동을 정리합니다.

컵에 사탕 가득 넣기

* 관련된 수행목표

컵에 담긴 물을 보고 '가득 찼다, 비어있다'의 개념을 알 수 있다.

* 교육적 효과

❶ 양에 대한 개념을 이해할 수 있다.
❷ 물체에 대한 조작능력을 기를 수 있다.
❸ 수감각을 기를 수 있다.

빈 그릇, 사탕과 초콜릿

🐦 만 2~3세 ✱ 만 3~4세 ✱ 만 5세

1 큰 그릇에 사탕과 초콜릿을 담아 두고 2개의 빈 그릇을 준비합니다.
   ❶ 2개의 그릇은 크기가 같은 것으로 준비하세요.

2 2개의 빈 그릇에 사탕을 가득 채우며 "가득 찼네."라고 이야기해 줍니다.

3 컵에 가득 있던 사탕을 쏟아냅니다.

4 빈 컵을 가리키며 "텅 비었네."라고 이야기해 줍니다.

5 빈 컵과 가득 찬 컵을 비교하며 어느 것이 비어있고 어느 것이 가득 찼는지 이야기합니다.

Tip
식사 시간에 밥그릇에 밥을 담으며 '가득 찼다, 비어있다.'의 개념을 지도할 수 있습니다.

내가 만든 퍼즐

✼ 관련된 수행목표

6조각으로 구성된 퍼즐을 맞출 수 있다.

✼ 교육적 효과

❶ 사고력을 기를 수 있다.
❷ 시지각 능력을 기를 수 있다.
❸ 공간지각 능력을 기를 수 있다.

색연필, 종이, 가위

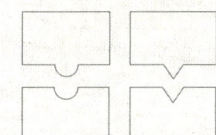

1 종이에 아이가 좋아하는 그림을 그립니다.
   ❶ 그림을 그릴 때, 6조각으로 나눌 것을 고려하여 그리세요.

2 아이와 함께 예쁘게 색칠합니다.

3 완성된 그림을 6조각으로 나누어 자릅니다.
   ❶ 아이의 수준에 따라 조각의 모양에 대한 힌트를 제시할 수 있습니다.

4 그림 조각들을 섞어 놓습니다.

5 아이와 함께 조각을 맞추어 원래의 그림 모양으로 만듭니다.
   ❶ 어린 아이들은 기억하는 시간이 짧을 수 있으므로 그림을 자르기 전에 사진을 찍어두는 것이 좋습니다.

 Tip

식사 시간에 밥그릇에 밥을 담으며 '가득 찼다, 비어있다.'의 개념을 지도할 수 있습니다.

손가락 장갑

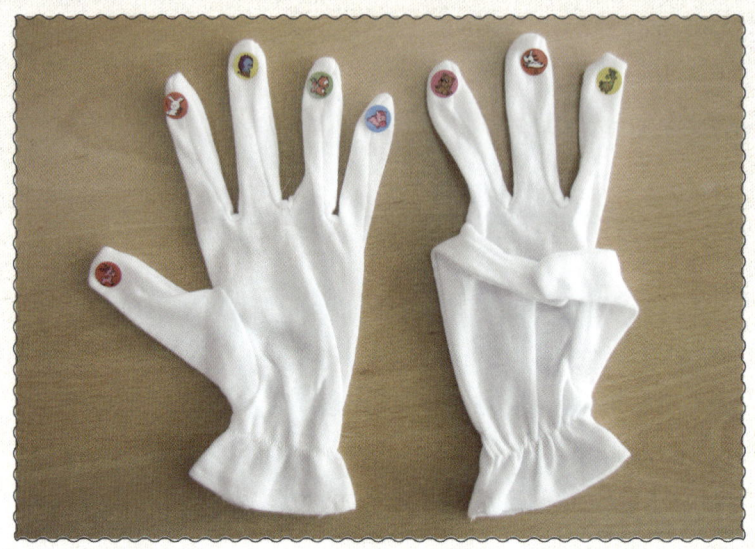

* 관련된 수행목표

10까지 따라서 셀 수 있다.

* 교육적 효과

❶ 수에 대한 개념을 이해할 수 있다.
❷ 수세기 능력을 기를 수 있다.
❸ 신체(손가락)를 이용하여 수를 셀 수 있는 능력을 기를 수 있다.

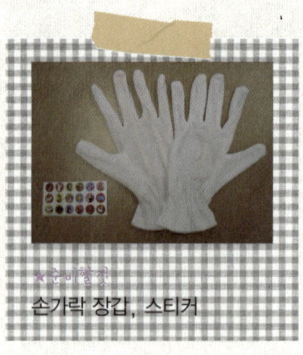

손가락 장갑, 스티커

만 2~3세 ✳ 만 3~4세 ✳ 만 5세

1 장갑을 펼쳐 놓습니다.
   ❶ 장갑의 방향은 아이가 자신의 손을 펴서 볼 때와 같은 모양이 되도록 해주세요.

2 장갑의 손가락을 이용하여 1~10까지의 수를 표현합니다.

3 장갑의 손가락에 스티커를 하나씩 붙여가며 수를 세어 봅니다.

4 아이의 손가락에도 같은 방법으로 스티커를 붙여가며 수를 세어 봅니다.

5 한 쪽 손만을 이용하여 셀 수 있도록 하고 싶을 때에는 (손바닥이 위로 오도록 하여) 5까지 센 다음, 손을 뒤집어 (손등이 위로 오도록 하여) 연속해서 세어 봅니다.

 Tip

엄마 손, 아빠 손 등 다른 사람의 손에도 같은 방법으로 수세기 활동을 하면 수세기 활동이 일반화되는 데에 도움이 됩니다.

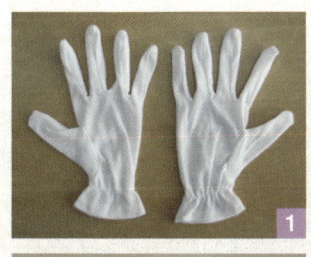
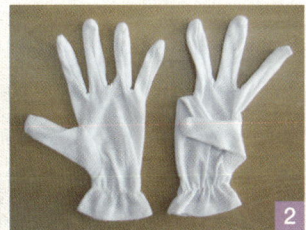
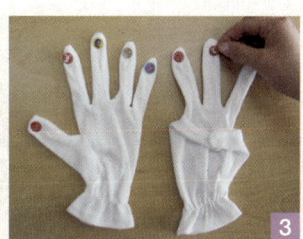
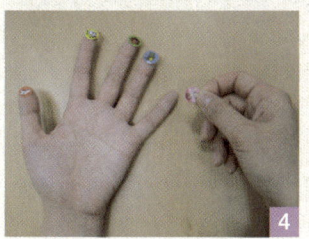

블록 만들기

* **관련된 수행목표**

블록 3개로 모양 만드는 것을 보고 따라서 할 수 있다.

* **교육적 효과**

❶ 공간지각 능력을 기를 수 있다.
❷ 사물을 관찰하는 능력을 기를 수 있다.
❸ 조작 능력을 기를 수 있다.
❹ 소근육 운동 능력을 기를 수 있다.

블록

🐦 만 2~3세 ✽ 만 3~4세 ✽ 만 5세

1 완성된 블록의 모양을 위에 제시하고, 같은 개수의 블록을 아이에게 제공합니다.
   ❶ 젠가의 나무블록이나 작은 상자들을 이용할 수 있습니다.

2 아이가 위에서 제시한 모양대로 블록을 만들도록 합니다.

3 조금씩 난이도를 높여가며 아이가 블록의 모양을 따라서 만들 수 있도록 합니다.

Tip
아이가 어려워하면 엄마가 블록을 만드는 과정을 지켜보게 하여 힌트를 제공하고, 아이가 어려워하지 않으면 엄마가 블록을 만드는 과정을 보여주지 않도록 합니다.

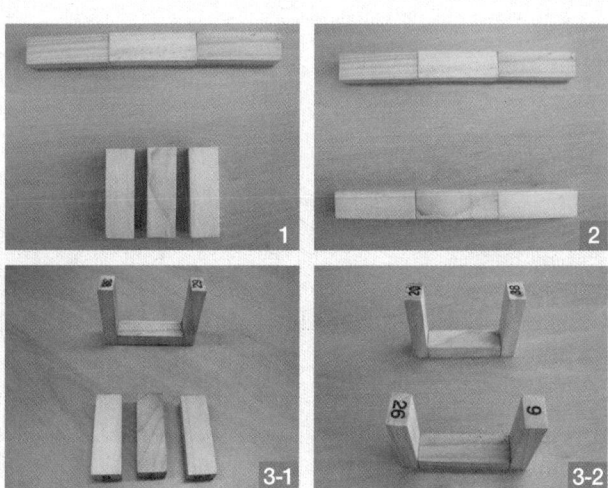

뽕뽕이 애벌레 만들기

✳ 관련된 수행목표

물체의 배열을 보고 순서나 형태를 연결할 수 있다.

✳ 교육적 효과

❶ 관계를 파악하는 능력을 기를 수 있다.
❷ 규칙성에 대한 감각을 기를 수 있다.
❸ 미적 감각을 기를 수 있다.

뽕뽕이, 인형눈, 글루건

🐦 만 2~3세 ✱ 만 3~4세 ✱ 만 5세

1. 노란색과 검은색이 규칙적으로 배열된 뽕뽕이를 아이에게 제시하고, 그 뒤에 어떤 색이 오면 좋을지 이야기합니다.

2. 아이가 알맞은 색을 선택했다면 각각의 뽕뽕이를 글루건을 이용하여 붙입니다.

3. 나머지 뽕뽕이들도 모두 순서대로 붙여서 애벌레 몸통을 만듭니다.

4. 애벌레에 인형 눈을 붙여 줍니다.

5. 완성된 애벌레를 보며 어떤 패턴이 있었는지 이야기하고 감상합니다.

여러 가지 모양이나 색으로 된 사탕, 물건 등을 이용하여 다양한 패턴을 가지는 작품을 만들 수 있습니다.
(예 : 사탕 목걸이, 네모세모 기차 등)

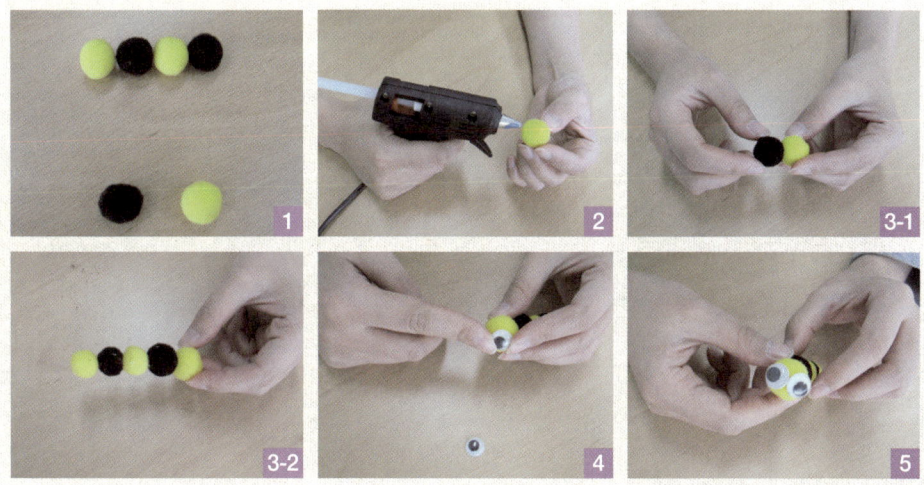

쌍둥이를 찾아라!

* 관련된 수행목표

'같다, 다르다'의 개념을 알고 말할 수 있다.

* 교육적 효과

❶ 사물을 관찰하는 능력을 기를 수 있다.
❷ 사물을 비교하는 능력을 기를 수 있다.
❸ 선택적 주의집중 능력을 기를 수 있다.

종이, 펜, 색연필, 가위

만 2~3세 ✱ 만 3~4세 ✱ 만 5세

1. 종이를 4등분하여 자릅니다.

2. 종이에 같은 모양의 그림 2개와 많이 다른 모양의 그림 1개, 조금 다른 모양의 그림 1개를 그리고 색칠합니다.

3. 같은 그림 한 쌍과 많이 다른 그림을 제시합니다.

4. 어떤 그림이 같은지, 어떤 그림이 다른지 찾아보고 무엇이 다른지 이야기합니다.
   ❶ 아이가 잘 찾으면 비슷하지만 조금 다른 그림을 제시하여 난이도를 높이도록 합니다.

5. 같은 그림 2개, 다른 그림 2개를 섞어 놓고 4개의 그림 중 같은 그림 한 쌍을 찾도록 합니다.

Tip
아이의 수준이 높아질수록 그림의 개수를 늘리거나 난이도를 높일 수 있습니다.

물고기를 잡자!

* 관련된 수행목표

동그라미, 세모, 네모를 보고 도형의 이름을 말할 수 있다.

* 교육적 효과

❶ 도형 인식 능력을 기를 수 있다.
❷ 도형에 대한 흥미를 기를 수 있다.
❸ 대근육 및 소근육 운동 능력을 기를 수 있다.

색종이, 고무자석, 끈, 나무젓가락, 테이프, 가위

만 2~3세 ✱ 만 3~4세 ✱ 만 5세

1. 광고지에서 고무자석을 떼어 냅니다. 그리고 색종이로 여러 모양의 도형을 오립니다.
2. 여러 모양의 도형 뒷면에 고무 자석을 붙입니다.
3. 고무자석 한 쪽에 양면테이프를 붙입니다.
4. 양면테이프 위로 끈의 중간 부분이 지나가도록 붙입니다.
5. 끈 위에 다시 고무자석을 붙입니다.
6. 끈의 윗부분을 묶어 줍니다.
7. 매듭을 지은 부분 위쪽으로 나무젓가락을 묶어서 고정시켜 낚싯대를 완성합니다.
   ❶ 나무젓가락에 연결된 부분을 테이프로 고정시켜 주는 것이 좋습니다.
8. 낚싯대를 이용하여 특정 모양의 도형을 낚아 올리고 그 도형의 이름을 이야기합니다.
   ❶ 낚아올린 도형의 이름을 잘못 말하면 그 도형은 가져갈 수 없다는 규칙을 만들어 놀이하면 좋습니다.

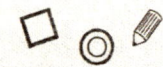

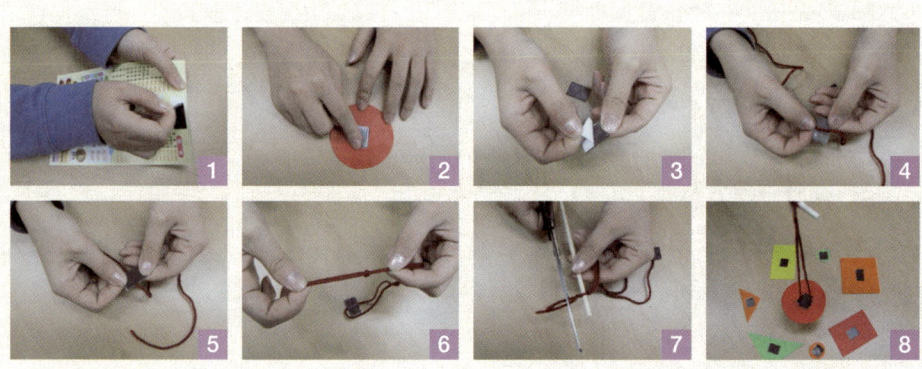

* 5 이하의 수를 듣고 해당하는 수만큼 물건을 선택할 수 있다.
* 길이가 다른 물체나 그림을 보고 '길다, 짧다'라고 말할 수 있다.
* 물체를 '뒤에, 옆에, 다음에, 앞에' 놓으라는 지시를 듣고 수행할 수 있다.
* '높다, 낮다'를 이해할 수 있다.
* 10 이하의 수와 그 수에 해당하는 물건의 집합을 연결할 수 있다.
* 넓이, 길이, 두께에 따라 물건을 정리할 수 있다.
* 3~5까지 더하거나 뺄 수 있다.
* 특정 범주에 속하는 물건이나 대상들의 이름을 말할 수 있다.
* 반복되는 패턴을 인식할 수 있다.
* 10 이하의 수로 가르기와 모으기를 할 수 있다.

놀이 활동의 실제

만 5세

THE ACTUAL PLAY ACTIVITIES

색빨대 목걸이 만들기

* **관련된 수행목표**

5 이하의 수를 듣고 해당하는 수만큼 물건을 선택할 수 있다.

* **교육적 효과**

❶ 수세기 능력을 기를 수 있다.
❷ 소근육 운동 능력을 기를 수 있다.
❸ 청각적 집중 능력을 기를 수 있다.

색빨대, 끈, 가위, 종이, 펜

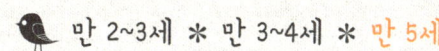

1. 색빨대를 일정한 크기로 자릅니다.
   ❶ 빨대의 굵기가 다르면 목걸이로 만들기가 어려우므로 같은 굵기의 빨대를 준비하세요.

2. 1~5까지 적은 종이를 숫자가 안보이게 접어서 준비합니다.

3. 숫자 카드를 뽑아 나온 수만큼 색빨대 조각을 가져와 실에 꿰도록 합니다.
   ❶ 실이 약간 굵고 뻣뻣한 것이 꿰기에 좋아요.

4. 앞의 활동을 반복하여 목걸이를 완성합니다.

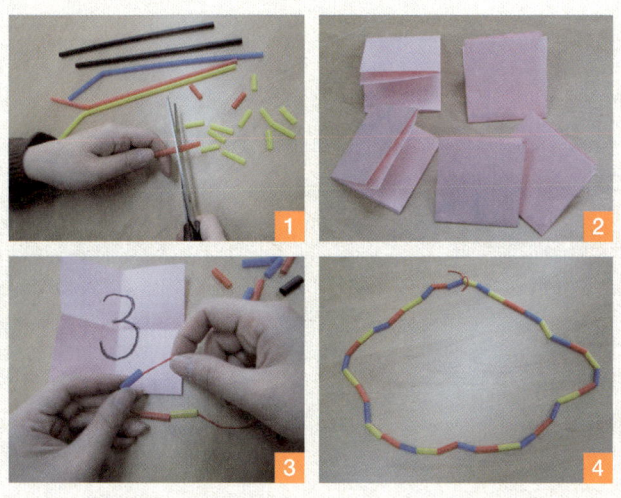

인형 옷 아이템 구하기

✱ 관련된 수행목표

5 이하의 수를 듣고 해당하는 수만큼 물건을 선택할 수 있다.

✱ 교육적 효과

❶ 수세기 능력을 기를 수 있다.
❷ 소근육 운동 능력을 기를 수 있다.
❸ 청각적 집중 능력을 기를 수 있다.

준비물건
인형놀이 스티커, 색연필, 펜, 주사위, 말, 종이

만 2~3세 * 만 3~4세 * **만 5세**

1. 종이에 말판을 그리고 주사위와 말을 준비합니다.

2. 주사위를 굴려 나온 수만큼 말을 이동하고 이동한 수만큼 인형옷 아이템을 선택하여 가져가도록 합니다.

3. 도착 지점에 먼저 도착한 사람이 이기게 됩니다.

4. 게임이 끝나면 몇 개의 아이템을 가지고 있는지 세어 보고 서로 비교해 봅니다.

5. 자신이 소유하고 있는 아이템으로 인형을 예쁘게 꾸며 줍니다.

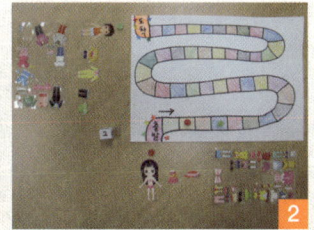

젓가락 뽑기

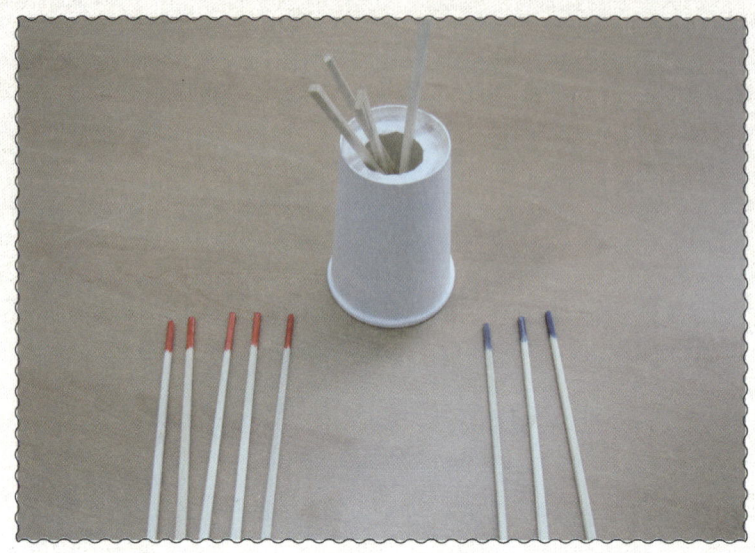

* 관련된 수행목표

5 이하의 수를 듣고 해당하는 수만큼 물건을 선택할 수 있다.

* 교육적 효과

❶ 수세기 능력을 기를 수 있다.
❷ 소근육 운동 능력을 기를 수 있다.
❸ 청각적 집중 능력을 기를 수 있다.

나무젓가락, 컵, 주사위, 펜, 칼

만 2~3세 ✱ 만 3~4세 ✱ 만 5세

1. 종이컵의 밑면을 칼로 동그랗게 오려 구멍을 만듭니다.
   ❶ 종이컵을 그대로 세워서 사용하면 젓가락의 무게 때문에 자꾸 넘어지고 젓가락 끝에 칠한 색이 보일 수 있습니다.

2. 나무젓가락 아랫부분을 사인펜으로 색칠합니다.

3. 이와 같은 방법으로 젓가락을 빨간색 5개, 파란색 5개, 검은색 2개씩 색칠합니다.

4. 앞에서 구멍을 낸 종이컵에 색칠한 부분이 보이지 않도록 젓가락을 꽂아 넣습니다.

5. 빨강과 파랑 중 어떤 색을 자신의 색으로 할 것인지 정한 다음, 젓가락을 순서대로 번갈아가며 뽑습니다. 자신의 색과 같은 색의 젓가락이 나오면 가져가고, 다른 색이 나오면 다시 통에 넣도록 합니다(검은색 젓가락은 '꽝'의 역할을 합니다).

6. 자신의 색을 정하지 않고 주사위를 굴려 나온 색과 같은 색의 젓가락을 뽑아서 가져가도록 해도 좋습니다.
   ❶ 집에 있는 주사위 위에 종이나 라벨지를 붙여서 사용할 수 있습니다.

7. 먼저 5개를 모은 사람이 이깁니다.
   ❶ 5개가 되면 아이와 함께 세어 보세요.

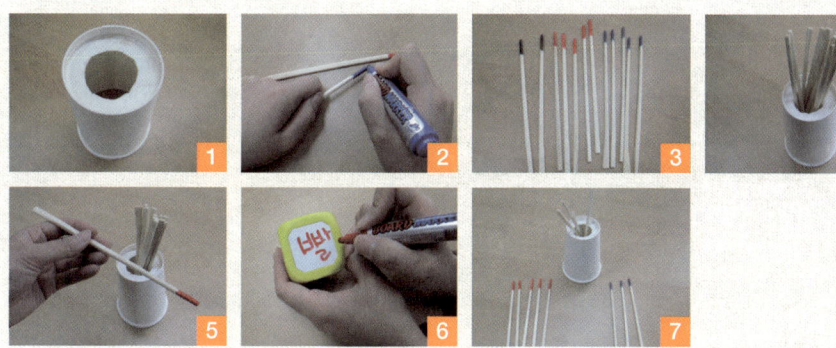

086 · 087

누가 빨리 말하나

* **관련된 수행목표**

길이가 다른 물체나 그림을 보고 '길다, 짧다'라고 말할 수 있다.

* **교육적 효과**

❶ 길이에 대한 개념을 이해할 수 있다.
❷ 청각적/시각적 주의집중 능력을 기를 수 있다.
❸ 언어적 표현 능력을 기를 수 있다.
❹ 수행 속도를 증가시킬 수 있다.

*준비물:
다양한 끈, 종이, 가위

1 길게, 짧게 자른 색끈을 종이에 붙입니다.
   ❶ 종이를 자를 때나 붙일 때, '길다, 짧다'라는 언어적 표현을 같이 해주면 좋습니다.

2 엄마가 손가락으로 가리키는 것을 아이가 '길다' 혹은 '짧다'라고 말하도록 합니다. 손가락을 한 색끈에서 다른 색끈으로 옮길 때 속도를 빨리 하여 재미를 느끼도록 합니다.

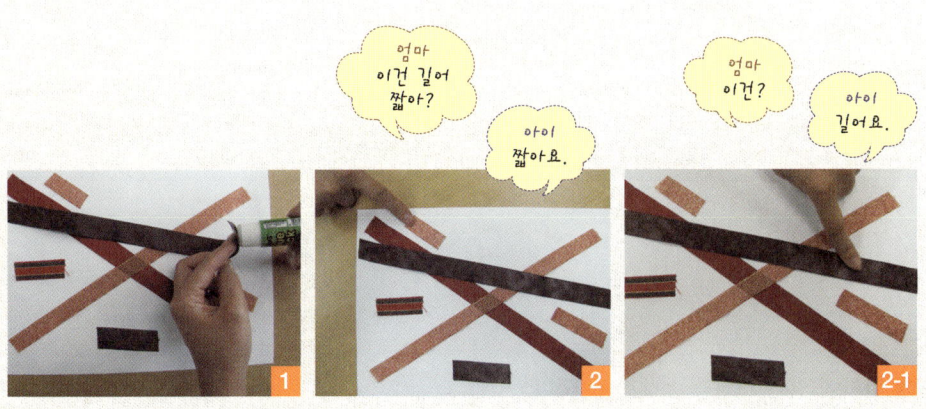

인형 앞뒤 놀이

✱ **관련된 수행목표**

물체를 '뒤에, 옆에, 다음에, 앞에' 놓으라는 지시를 듣고 수행할 수 있다.

✱ **교육적 효과**

❶ 위치에 대한 개념을 이해할 수 있다.
❷ 청각적 집중능력을 기를 수 있다.
❸ 조작능력을 기를 수 있다.

✱준비물
인형 3개

만 2~3세 ✱ 만 3~4세 ✱ **만 5세**

1 기준이 되는 인형(강아지 인형)을 정하고, 그 인형 뒤에 다른 인형(푸우 인형)을 놓도록 합니다.
　❶ 인형에 이름을 지어 주고 재미있는 이야기와 함께 활동해 보세요.

2 강아지 인형의 옆에 푸우 인형을 놓도록 합니다.

3 곰 인형 '다음에' 푸우 인형을 놓도록 합니다.

4 강아지 인형의 앞에 푸우 인형을 놓도록 합니다.

Tip
간단한 스토리를 만들어 활동해도 좋습니다.
(예 : "강아지 이름은 해피야. 사냥꾼이 푸우를 쫓아오고 있어. 얼른 푸우를 해피 뒤에 숨겨 주자.")

더 높이, 더 낮게

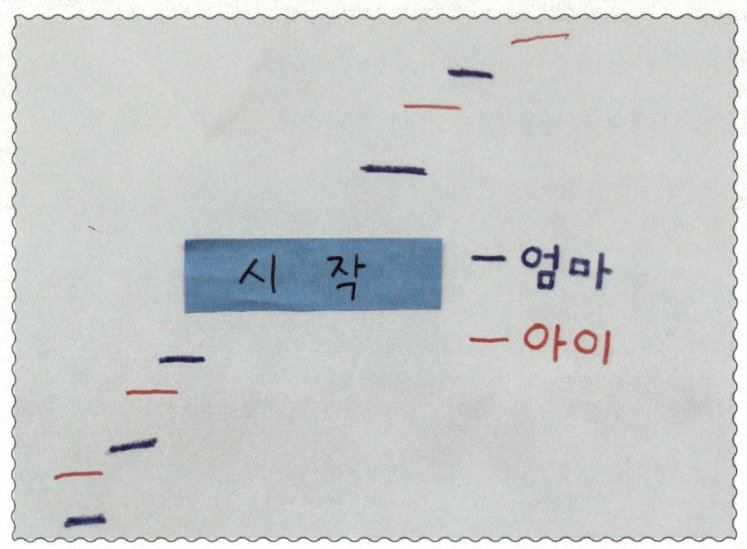

* **관련된 수행목표**

'높다, 낮다'를 이해할 수 있다.

* **교육적 효과**

❶ 높이에 대한 개념을 이해할 수 있다.
❷ 측정에 대한 흥미를 기를 수 있다.

* 준비물
큰 종이, 사인펜, 색종이, 풀

만 2~3세 ✱ 만 3~4세 ✱ 만 5세

1. 전지의 가운데에 '시작' 지점을 표시해 둡니다.
   ❶ 전지를 벽에 붙이고 하세요.

2. 아이와 엄마가 각각 다른 색 사인펜으로 번갈아가며 상대방보다 조금 더 높게 선을 그어 가도록 합니다.
   ❶ 아이의 팔이 겨우 닿을 만한 높이까지만 엄마가 선을 그어 아이의 도전 의식을 키워 주세요.
   ❷ 아이와 키를 맞추기 위해 엄마는 앉아서 하고 아이는 서서 할 수 있도록 해주세요.

3. 이번에는 조금 더 낮게 선을 그어가도록 합니다.

4. 누가 그은 것이 더 높은지, 더 낮은지에 대해 이야기 나눕니다.

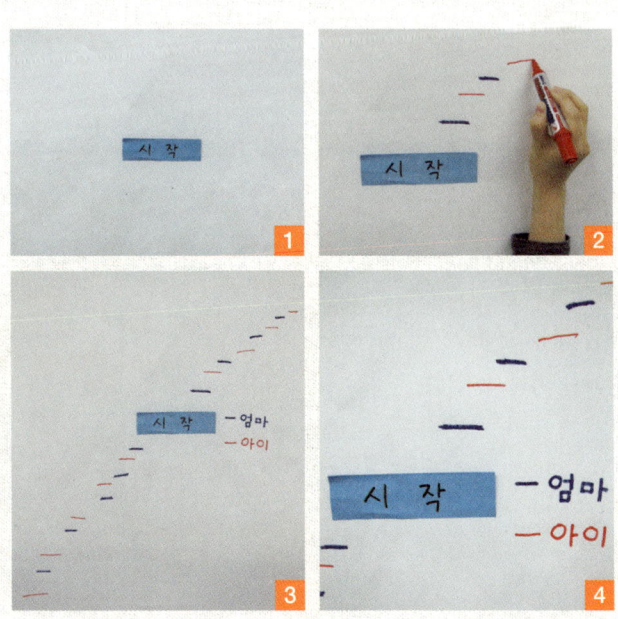

카드놀이

* 관련된 수행목표

10 이하의 수와 그 수에 해당하는 물건의 집합을 연결할 수 있다.

* 교육적 효과

❶ 수세기 능력을 기를 수 있다.
❷ 일대일 대응 능력을 기를 수 있다.
❸ 수감각을 기를 수 있다.

종이, 스티커, 사인펜, 가위

🐦 만 2~3세 ✳ 만 3~4세 ✳ **만 5세**

1. 1~10까지 적은 종이를 숫자가 보이지 않게 접습니다.
2. 종이를 같은 크기로 여러 개 오립니다.
3. 스티커를 이용하여 1~10까지의 수를 여러 가지 방법으로 표현해 봅니다.
4. 여러 가지 방법으로 표현된 카드를 섞어 놓습니다.
5. 숫자가 적혀 있는 종이에서 하나를 뽑아 그 숫자에 해당하는 스티커 카드를 찾습니다.
6. 다른 배열로 이루어진 같은 수의 카드를 모두 찾아서 비교해 봅니다.

Tip
여러 방법으로 배열된 대상의 수를 세어 같은 수를 찾는 것은 아이들의 수에 대한 감각을 키워주는 것에 많은 도움이 됩니다.

다이아몬드 만들기

* **관련된 수행목표**

넓이, 길이, 두께에 따라 물건을 정리할 수 있다.

* **교육적 효과**

❶ 넓이, 길이, 두께에 대한 감각을 기를 수 있다.
❷ 넓이, 길이, 두께를 비교할 수 있는 능력을 기를 수 있다.
❸ 조작 능력을 기를 수 있다.

여러 색 종이, 가위, 풀

1 넓이가 다른 여러 색의 종이를 준비합니다.

2 넓이가 큰 순서대로 종이를 붙여 나갑니다.

3 넓이 순서대로 붙여 작품을 완성하고 작품에 어울리는 이름을 붙입니다(예 : 「방석」).

4 길이가 다른 여러 색의 종이를 준비합니다.

5 길이가 긴 종이부터, 혹은 짧은 종이부터 순서대로 붙여 나갑니다.

6 길이 순서대로 붙여 작품을 완성하고 작품에 어울리는 이름을 붙입니다(예 : 「산」, 「피라미드」).

완성된 후에 색연필 등을 이용하여 추가적으로 꾸미는 활동을 해도 좋습니다.

주먹 쥐고 세기

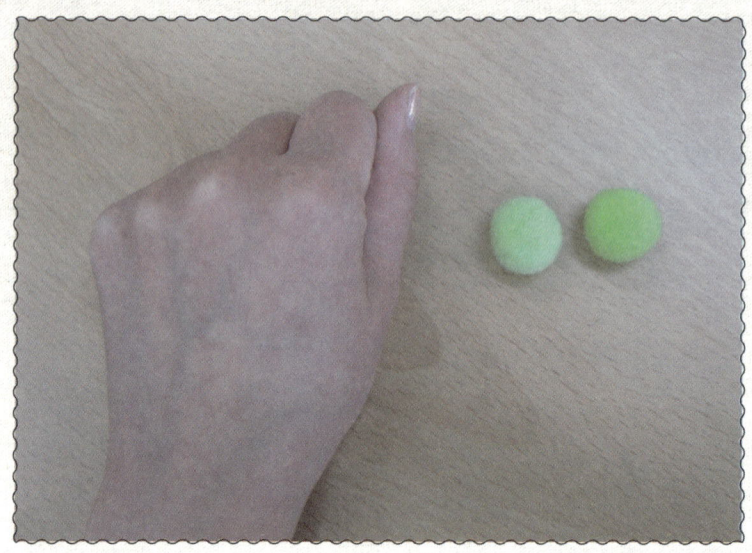

* **관련된 수행목표**

3~5까지 더하거나 뺄 수 있다.

* **교육적 효과**

❶ 연산의 기초적인 원리를 배울 수 있다.
❷ 효과적인 연산 전략을 배울 수 있다.
❸ 수감각을 기를 수 있다.

* 준비물
셀 수 있는 물건

만 2~3세 ✱ 만 3~4세 ✱ **만 5세**

1. 더하고자 하는 수만큼 물건을 놓습니다. 이 그림은 3+2의 예입니다.
    집에서 흔히 볼 수 있는 병뚜껑이나 구슬 등을 활용해도 좋습니다.

2. 더해지는 수(3)와 더하는 수(2)를 각각 세고 다시 처음부터 세서 모두 몇 개인지 말합니다.

3. 이번에는 3개를 주먹 안에 넣고 그 안에 몇 개가 있었는지 상기시킨 다음 나머지 2개를 연속해서 세도록 합니다.
    하나씩 모두 세었을 때와 주먹 안에 넣고 세었을 때의 값이 같다는 것을 알 수 있도록 해주면 좋습니다.

Tip
이러한 방법은 연산을 보다 효율적으로 할 수 있는 훌륭한 전략이 됩니다.

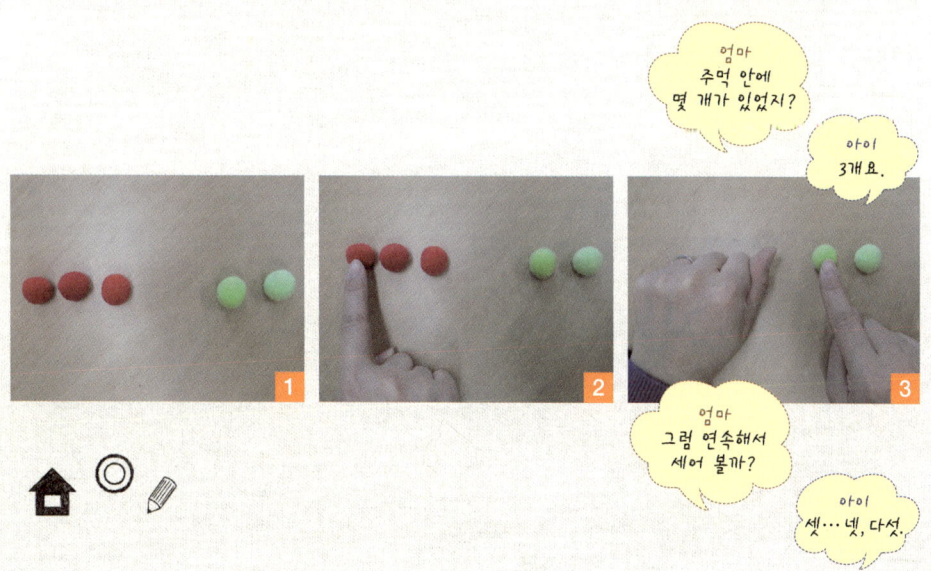

텔레비전 더하기

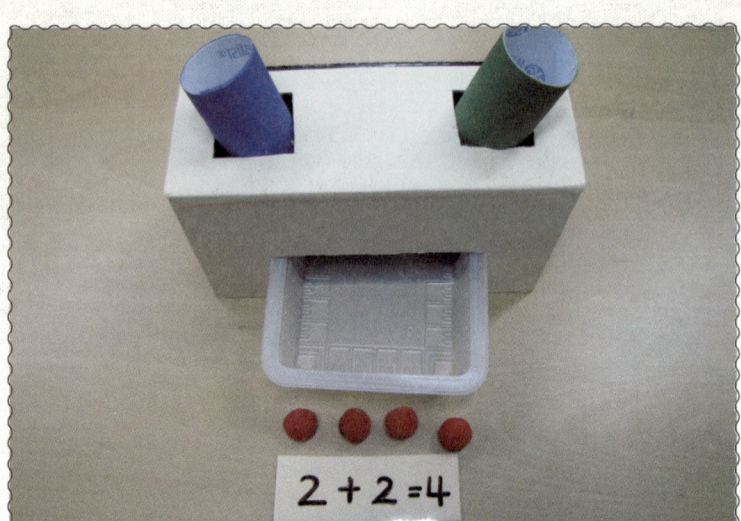

✱ 관련된 수행목표

3~5까지 더하거나 뺄 수 있다.

✱ 교육적 효과

❶ 기본적인 연산 개념 및 원리를 습득할 수 있다.
❷ 연산에 대한 흥미 및 능력을 기를 수 있다.
❸ 조작하는 능력을 기를 수 있다.

✱ 준비물
상자, 빈 그릇, 휴지심 2개, 색종이, 작은 크기의 물건, 풀, 칼이나 가위

🐦 만 2~3세 ✱ 만 3~4세 ✱ **만 5세**

1 상자의 앞면에 두부 상자가 들어갈 정도 크기의 구멍을 만듭니다.
   ❶ 서랍용으로 사용될 상자로 두부가 담겨 있는 통을 이용할 수 있습니다.

2 상자의 윗면에 휴지심이 들어갈 정도 크기의 구멍을 2개 만듭니다.

3 상자 앞에 뚫은 구멍에는 두부 상자를, 상자 위에 뚫은 구멍에는 휴지심을 각각 꽂습니다.
   ❶ 휴지심은 아이가 좋아하는 색종이로 깔끔하게 싸주세요.
   ❷ 휴지심이 두부 상자 안쪽으로 향하게 되어 있어야 합니다. 그래야 물건을 넣었을 때 두부 상자 안으로 물건이 들어올 수 있습니다.

4 종이에 간단한 연산식을 적고 그 수에 맞는 물건을 숫자 아래에 가져다 놓습니다.
   ❶ 상자에 구멍을 내고 남은 조각에 투명 테이프를 붙여서 썼다 지웠다 할 수 있는 미니 보드를 만들어 사용하면 편리합니다.

5 앞에 오는 수에 해당하는 물건을 왼쪽 휴지심에 넣고, 뒤에 오는 수에 해당하는 물건을 오른쪽 휴지심에 넣습니다.

6 두부 상자를 앞으로 빼면 두 수를 합한 만큼의 물건이 들어있음을 말해 줍니다.

7 두부 상자에 있던 물건을 꺼내서 모두 몇 개인지 세어 봅니다.

8 물건의 개수를 센 뒤, 정답을 적도록 합니다.

시장 놀이

* **관련된 수행목표**

특정 범주에 속하는 물건이나 대상들의 이름을 말할 수 있다.

* **교육적 효과**

❶ 물건의 특성을 비교하는 능력을 기를 수 있다.
❷ 범주에 대한 개념을 습득할 수 있다.
❸ 분류 능력을 기를 수 있다.
❹ 언어적 표현 능력을 기를 수 있다.

준비물
색도화지, 전단지, 사인펜, 가위, 풀

 만 2~3세 * 만 3~4세 * 만 5세

1 종이에 각 범주의 이름을 적습니다.
   ❶ 아이가 한글을 읽지 못하면 글자 대신 간단한 그림을 그려도 좋습니다.

2 전단지에서 각 범주에 해당하는 사진들을 오립니다.

3 오린 사진들 중에 특정 범주에 해당하는 물건의 이름을 말하고 붙입니다.

4 다른 범주도 같은 방법으로 활동합니다.

모양펀치로 만들기

＊ 관련된 수행목표

반복되는 패턴을 인식할 수 있다.

＊ 교육적 효과

❶ 규칙에 대한 인식 능력을 기를 수 있다.
❷ 수학적 사고 능력을 기를 수 있다.

★준비물
종이, 색종이, 모양펀치, 스티커, 풀

1 모양펀치를 이용하여 첫 번째 모양 조각을 만듭니다.
   ❶ 모양펀치가 없으면 간단한 모양을 오려서 사용하거나 스티커를 활용해도 좋습니다.

2 다른 색종이와 모양펀치를 이용하여 또 다른 모양 조각을 만듭니다.

3 모양 조각들을 규칙성있게 붙이고, 아이에게 그 다음에 와야 할 모양 조각은 무엇인지 찾아서 붙이게 합니다.

1

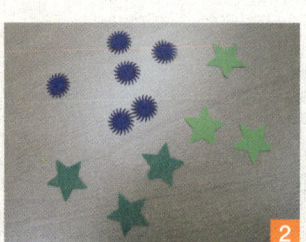
2

3

독 안에 든 쥐

✳ **관련된 수행목표**

10 이하의 수에 대해 가르기와 모으기를 할 수 있다.

✳ **교육적 효과**

❶ 연산의 기초 능력을 기를 수 있다.
❷ 가르기와 모으기에 대해 이해할 수 있다.
❸ 기초적인 수학적 추론 능력을 기를 수 있다.

속이 안 보이는 종이컵,
셀 수 있는 물건

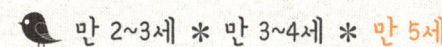

1. 셀 수 있는 물건을 준비하고 몇 개가 있는지 세어 봅니다. 이 그림에서는 8개가 있습니다.
   ❶ 아이가 좋아하는 물체를 선택하면 흥미 유발에 도움이 됩니다.

2. 컵으로 일부를 가리고, 종이컵 안에 몇 개의 물건이 들어있는지 맞추도록 합니다.
   ❶ 앞에서 8이라고 세었던 것과 컵 밖에 4개가 있는 것을 통해 컵 안에는 몇 개가 있는지 생각하도록 합니다.

3. 종이컵을 열어 아이가 말한 수가 맞는지 확인합니다.

4. 물건의 수를 다시 세어 보고, 처음에 세었던 수와 일치한다는 것을 이야기합니다.

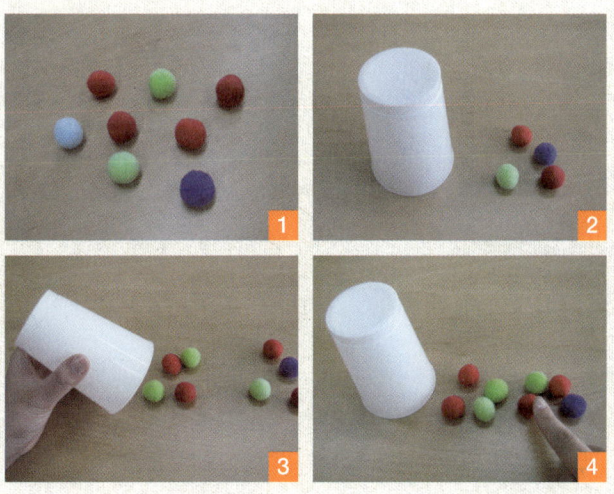

놀이 활동의 실제

부록

SUPPLEMENT

* 연령 : 2~3세
* 활동 목표 : 여러 가지 사물을 색이나 형태, 또는 이름에 따라 분류할 수 있다.
* 활동 방법 : 다음 그림을 오려서 색, 형태, 이름에 따라 분류하는 활동을 해보세요.

* 연령 : 2~3세
* 활동 목표 : 큰 물건과 작은 물건을 구별할 수 있다.
* 활동 방법 : 다음 그림을 오려서 큰 것과 작은 것으로 분류하는 활동을 해보세요.

* 연령 : 2~3세
* 활동 목표 : 동그라미, 세모, 네모와 같은 도형을 보고 같은 모양의 그림을 짝지을 수 있다.
* 활동 방법 : 다음 도형을 오려서 그림에 맞게 붙이는 활동을 해보세요.

* 연령 : 3~4세
* 활동 목표 : 여러 가지 물건을 분류하고 정리할 수 있다.
* 활동 방법 : 다음 그림을 오려서 같은 종류의 물건끼리 상자에 담는 활동을 해보세요.

✱ 연령 : 4~5세
✱ 활동 목표 : 5 이하의 수를 듣고 해당하는 수만큼 물건을 선택할 수 있다.
✱ 활동 방법 : 다음 그림을 오려서 5 이하의 수에 맞는 개수만큼 세어보세요.

✳ 연령 : 4~5세
✳ 활동 목표 : 넓이, 길이, 두께에 따라 물건을 정리할 수 있다.
✳ 활동 방법 : ❶ 다음 그림을 오려서 곰 가족에게 맞는 침대를 연결해 보세요.
❷ 다음 그림을 오려서 두께가 얇은 책/나무부터 순서지어 보세요.